모택동과
문화대혁명

내일을여는지식 / 역사 9

모택동과

김재선 지음

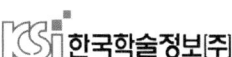 한국학술정보[주]

이 저서는 2009학년도 대진대학교 학술연구비 지원에 의한 것임

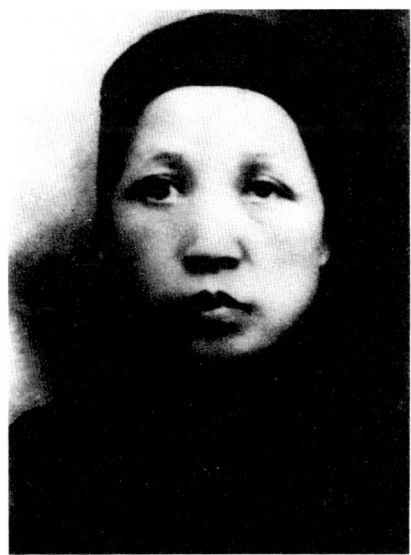

▌ 모택동의 부친 모순생(1870 ~ 1920)
▌ 모택동의 모친 문칠매(1867 ~ 1919)
▌ 모택동(우1), 둘째 동생 모택담(우4), 부친(우3), 백부와 장사에서 기념사진

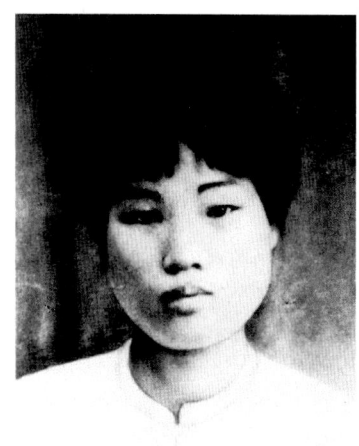

1920년 모택동과 결혼한
양개혜(1901 - 1930)

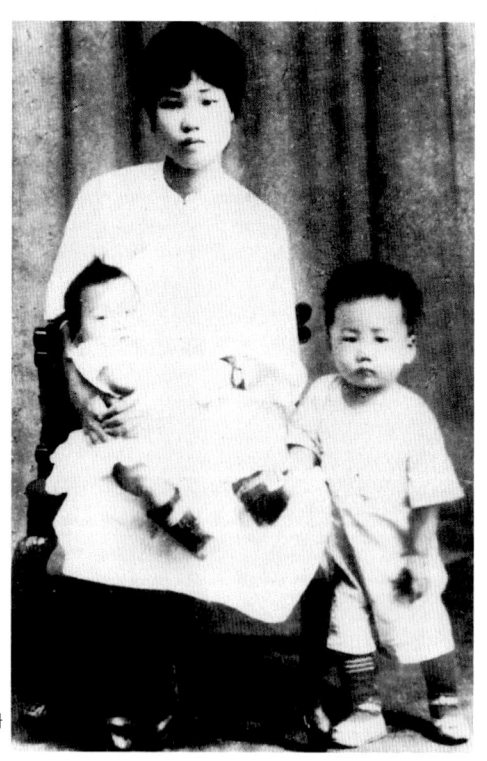

양개혜 그리고 장자 모안영(우)과
차자 모안청

1936년 모택동과 주덕

딸 이민과 북경 향산에서

1949년 9월 19일 북경에서 저명인사와 함께

"The white lotus blooms in the fire"

베트남 전쟁이 한창이던 어느 날 승복을 입은 한 무리의 스님들이 수도 한복판에 나타나 정좌를 하더니 석유를 몸에 붓고 분신을 시도한다. 몸이 불타오르고 쓰러질 때까지 이들 스님들은 얼굴에 미동조차 보이지 않았다 한다. 전쟁의 공포 속에서 두려움에 떨고 있는 베트남 인민들을 위하여 그들은 조금의 주저함도 없이 자신을 태워버렸다. 외신들은 "흰 연꽃이 화염 속에서 불타올랐다"고 경이로움을 표현하였다.

역사를 발전시키고 아름답게 꾸미는 것은 바로 인민들의 작은 정성이 한 땀 한 땀 모여 쌓여 갈 때 가능한 것이다. 한번은 예수님이 나귀를 타고 예루살렘 성으로 갈 때 그의 제자들이 "호산나"라고 예수님을 찬양하면서 자신들이 입던 옷을 바닥에 깔고 예수님을 지나가게 하자 곁에 있던 바리새인들이 "시끄럽게 호들갑 떠는 당신의 제자들을 책망하시오!"라고 요구한다. 이에 예수님은 "그들이 침묵하면 돌멩이들이 일어나서 외칠 것이다"고 했다고 한다.

그렇다. 모택동의 혁명운동이 미친 듯이 잔혹하게 진행되며 수억 명의 중국인민이 숨죽이고 있을 때 중국에는 장시신이라는 여인이 있었다. 그녀는 엄청난 권력의 위압 속에서도 누구에게도 머리를 숙이지 않았으며 죽음을 두려워하지 않는 불굴의 정신으로 놀라울 정도로 당당하게 자신의 소신을 굽히지 않았다. 성대를 칼로 손상당하며 사형에 처해졌어도 그녀의 굴하지 않는 정신은 변함이 없었다.

이러한 작은 돌멩이들의 외침은 길고도 길었던 10년의 대 동란을 결속시킬 수 있었던 힘의 원동력이었다. 역사의 진보적 발전에 초석이 되는 것은 작은 돌멩이들의 외침인 것이다. 이들의 헌신과 외침이 있었기에 암울한 역사에서 정상적인 역사발전으로의 진행이 가능했으며 현재 인민들의 삶의 문제를 해결할 수 있는 기본 동력이 되었던 것이다. 역사를 진보시키는 것은 바로 우리 자신에게 있는 것이다.

세상에서 가장 보살핌을 필요로 하는 이들이 누구인가?
쓸쓸히 만년을 살아가는 늙은 홀아비 혹은 과부나 고아를 들 수 있다. 중국에서 공산혁명이 성공할 수 있었던 것도 어려운 환경에서 쓸쓸히 외롭게 살아가고 있는 이들 그리고 힘들게 하루하루를 살아가는 노동자, 농민들에게 꿈과 희망을 주었기 때문에 가능했던 것이다.
그러나 결과는 실망뿐이었다. 모든 것이 망가졌다. 거지 없는 천국사회, 배고픔이 없는 천국사회를 외쳤지만 모든 것이 거짓이었고 결국 실패로 끝난다.

　문화대혁명만큼이나 뜨겁고 열정적인 7월의 햇볕에 불곡산에 올라 뜨거운 가슴과 땀을 식혀본다. 살아갈 수 있는 용기를 잃어버렸다. 용기와 희망이 없는 사람에게는 삶이 즐겁지 않다. 모든 것을 잃어버렸다. 살아가는 이유 그리고 희망과 용기도……. 남은 것은 절망뿐이다.

　중국현대사의 가장 큰 고민과 과제인 문화혁명은 왜 발생했으며 누가 그 책임을 져야 하며 우리는 이 시기 역사를 어떻게 이해해야 하고 문화혁명이 남긴 상처와 흔적은 어떻게 처리하고 치유해야 하는가? 본서가 중국현대사의 이러한 문제들에 대한 이해에 조금이나마 도움이 되었으면 하는 바람이다.

　끝으로 본서의 출판에 도움을 주신 한국학술정보(주) 관계자 분들께 진심으로 감사드리며, 또한 내가 사랑하는 모든 분들께 감사의 마음을 전하고 싶다.

김재선 씀

목 차

『마교이야기』는 호남성 마교지역에서 실제 일어난 일을 바탕으로 작품화한 책이다. 이 중 한찌옌(漢奸: 스파이)이란 작품에서는 문혁시기에 다분히 이념적이고 정치적인 소용돌이 속에 휩쓸려 아무런 역할도 하지 못하고 희망과 즐거움이란 찾아볼 수 없는 체념 속에 살아가는 인민들의 고되고 슬픈 삶을 그리고 있다.

고파(蠱婆: 毒 할매)의 아들 옌자우(鹽仔)는 생산 팀에서 늘 힘든 일만 도맡아 한다. 소똥을 치우고 돌을 깨고 석탄을 때고, 집을 지을 때는 기와를 던져주고, 상이 있으면 관을 메고, 그래서 힘이 들어서인지 항상 입을 벌린 채 다니고 다리에는 푸른 근육이 구슬처럼 일어나 있어 보기가 아주 흉한 다리가 되어 있다.

그의 어미 고파는 독 할매로 바로 전설상의 시골독부(鄕野毒婦)이다. 그녀는 뱀과 전갈로 맹독가루를 만들어 손톱 속에 숨겨두었다가 몰래 원수의 음식에 넣어 생명을 앗아간다고 한다.

사람들 이야기에 의하면 이러한 독 할매의 전설이 시작된 것은 합작화[1]가 된 이후에 땅이 몰수되어 그 후부터는 공산당에게 원한

---

1) 1949년 중국 공산당 정권이 탄생해서 1951년까지 모택동 정권은 빈농들에게 토지를 무상으로 분배하여 주는 토지정책을 시행하였다. 그러다가 1952 – 1956년 사이에 다시 토지를 몰수하여 집단농장으로 만들었는데 이를 일명 농업생산합작사라고 한다.

을 가지게 되어 독부가 되었다고 한다.

본래 옌자우의 부친은 한찌옌(漢奸)이었으며 옌자우가 이렇게 고된 삶을 살아야 하는 이유는 바로 그의 부친의 전력 때문이고 옌자우는 그의 출신 성분으로 인하여 태어나면서부터 자연스럽게 자신의 아버지의 이름을 따라 한찌옌이라고 불리게 된다. 그는 이러한 그의 전력을 만회하기 위해 불쌍하게도 하는 수 없이 모든 것을 체념한 채 힘들고 하찮은 노동을 마다하지 않고 전력을 다한다.

후에 부모님은 돌아가시고 또 누나마저 먼 곳으로 출가하여 옌자우는 혼자 살게 된다. 출가한 누나는 매번 친정에 동생을 보러 오면 동생은 옷이 변변한 것 하나 없고 양식이 부족해서 솥에 늘 열기가 없다. 이렇게 초라하게 사는 동생의 모습을 볼 때마다 눈은 항상 붉게 물들었으며, 이불도 부족하여 올 때마다 동생과 같이 한 침대에서 간신히 끼어 자곤 하였다.

그러던 중에 비 오는 어느 날 밤 누이가 한밤중에 일어나 옌자우가 침대 끝에 쭈그리고 앉아 고양이 소리를 내며 슬피 울고 있는 모습을 발견한다. 누나가 옌자우의 손을 당기어 네가 삶의 시달림을 참을 수 없다면 나를 모르는 사람이라 여기고 여인의 맛이라도 느껴보라고 말한다. 누나는 이미 속옷을 풀어헤쳤고 백옥 같은 가슴은 경악하는 동생을 향해 나아가고 있었다. 그리고 나는 너를 나무라지 않겠다고 말하였다.

이후부터 옌자우는 벙어리가 되어 과거보다 더 힘든 삶을 살아간다. 한찌옌 출신인 옌자우는 인민공사 안에서 아무도 원하지 않는 농약 분무의 책임을 맡는다. 그러나 이 농약 분무를 맡는 사람들은 여지없이 거품을 물고 얼굴이 파래지고 다리가 붓는 부작용을 경험하게 되니 이후부터는 분무를 원하는 사람이 아무도 없게 된다. 하지만 옌자우는 1059 혹은 1605 등 독성이 강한 농약을 분사한 후에도 아무런 부작용이 일어나지 않을 뿐 아니라 심지어는 손을 씻지도 않은 상태에서 입을 닦고 귀를 긁적이며 고구마를 집어먹어도 아무 일이 없어 주변 사람들을 놀라게 하곤 하였다.

또 한 번은 농약을 담았던 사기그릇에 논에서 잡아 온 미꾸라지를 넣었더니 미꾸라지가 눈이 뒤집혀 모두 죽었다. 그런데 옌자우는 눈이 뒤집혀 죽은 그 미꾸라지를 불에 익혀 먹어치웠는데 아무런 이상도 나타나지 않는다.

이때부터 옌자우는 독인이 된다. 그의 피는 이미 사람의 피가 아니었다. 이로부터 그는 모기장을 치지 않아도 모든 모기가 멀리 도망갔고 그의 손가락이 조금만 닿아도 모기는 즉시 죽었고 날아가는 모기를 향해 한번 입김을 불면 그 모기는 비틀대다가 쓰러져 버렸다.[2]

이 작품에는 비록 과장된 면이 보이기도 하지만 누가 옌자우를 이러한 독인으로 만들었는가는 우리가 곰곰이 생각해 볼 문제이다. 옌자우는 부친이 한찌옌이라는 이유로 그의 한평생은 친구 엉덩이의 살점을 뜯어 먹는 짐승만도 못한 인생이다.

인간이란 누구나 배고프면 무엇이든 먹어야 하고, 보고픈 사람이 있으면 만나야 하고 가지고 싶은 것이 있으면 가져야 하며 만약에 그렇게 할 수 없다면 그에 대한 그리움을 참지 못하고 괴로워하며 슬퍼하고 번민하는 타고난 본성을 지녔다. 하지만 인간은 이들을 이겨내고 극복할 수 있는 이성이라는 것이 있는데 이를 잘 습득한

2) 한소공, 『마교사전』, 북경: 인민문학출판사, 2008, 130 - 135쪽.

사람은 어렵고 슬픈 일에 부딪쳐도 묵묵히 꿋꿋하게 잘 견뎌낼 수 있는 것이다.

또 생각해보면 인간의 본성이란 하고 싶다고 다 할 수 있는 것이 아니며 어느 정도 극복해야 할 대상이며 온갖 사회적인 규칙 규범과 약속 범주 안에서 우리는 끊임없이 이를 요구받고 있는지도 모른다.

만약 인간의 감정이 이성이나 혹은 어느 누구에게도 속박받지 않고 길들여지지 않는다면 어떠한 결과가 나타날까? 어려운 삶을 살아도 본능을 속박하는 이성의 습득이 없을 땐 원래의 모습으로 남아 있다.

평생 우여곡절이 많은 인생을 살다가 결국에는 문화대혁명의 수렁 속에서 삶을 마친 청나라 마지막 황제 부이는 자서전에서 이렇게 회상하고 있다. 자신이 황제였을 때 백성은 단지 노예일 뿐 자신과 같은 사람이라고 단 한 번도 생각한 적이 없었다고 말이다. 실로 충격적인 고백을 우리는 듣게 된다.

그렇다. 당시 부이의 생활은 황제로서 자기만의 삶이 있었을 뿐 그 외의 사람들은 모두 단지 자신만을 위해 존재하는 통치의 대상이었다. 그러므로 만약 체제이론이 아주 명확한 사회주의 국가체제일지라도 모택동 시대처럼 일당 독재가 행해지고 이를 견제할 수 있는 제도적 장치가 없다면 황제가 아니더라도 전제 황제시대의 통치방식이 충분히 부활될 수 있는 것이다.

모택동 시대에는 집단지도체제가 붕괴되었다. 이들을 제지할 수 있는 어떤 기구도 존재하지 않았다. 모든 것이 거칠 것이 없었다. 교사들의 책을 웅덩이에 넣어 소각하면서 혁명적인 분서갱유라 하였다. 외국에서 산 적이 있는 사람은 스파이가 되었고 성공하려고 노력하는 사람은 야심가가 되었으며 이견이 있으면 반당분자가 되었으며 바이올린을 본 아이의 반응은 첫마디가 "이것은 나쁜 것이지요?"라고 묻는 사회가 되었다.

대약진운동과 문화대혁명 시기를 배경으로 한 이 글을 읽으면서 나는 당시 중국 인민들의 진정한 삶의 모습을 이해할 수 있었다.

역사를 되돌아보면 중국 인민들의 삶의 모습은 편안한 날이 별로 없었던 것처럼 보인다. 중국현대사를 살펴보면 쉽게 이해할 수 있다.

1840년 아편전쟁에서 1949년 모택동 정권 탄생 이전의 중국현대사는 당시 제국주의 세력 간의 개가 개를 무는 상황에서의 희생물이었으며, 또한 유혈 침략역사의 연속이었다. 따라서 이 시기 중국 사회는 순리적으로 역사발전을 하는 데 많은 제약을 받았던 것이며 이것이 바로 옌자우가 독인이 되는 근본적인 원인이었으며 근인으로는 제국주의 국가들의 침략의 역사를 종식시킨 중국 공산혁명의 일부 집권세력의 지나친 욕심과 권력욕에서 비롯되었다고 할 수 있다.

중국인은 우리를 까우리 빵즈(高麗邦子: 본래는 고려 나라 사람이라는 뜻인데 중국인의 그 뉘앙스가 폄하의 뜻으로 쓰여 우리를 욕할 때 쓰는 말이 됨)라 하고 우리는 중국인을 짱꼴라, 짱께(본래는 중국집 掌櫃, 돈 궤짝을 손바닥으로 장악한 사람, 즉 사장이라는 뜻인데 "까우리 빵즈"와 마찬가지로 우리의 그 뉘앙스가 폄하의 뜻으로 쓰여 중국인을 욕할 때 흔히 쓰는 말이 됨)라고 한다.

우리는 어느 때부터인지는 모르겠지만 우리 주변국들에 대해 무시하고 험담하고 시기하고 질투하는 경향이 있다. 또한 서양의 역사와 문화를 얘기할 때는 어쩐지 멋있는 사람처럼 보이고 동양의 문화를 얘기할 때는 무엇인가 초라해 보이고 기운이 없어 보이기도 한다. 이것은 어찌 된 일이며 무엇이 동양의 역사와 문화를 이렇게도 초라하고 비참하게 만들었는가?

성경 기록으로 볼 때 인류문명의 발원지는 아담과 하와가 서로 간의 사랑을 나누며 문명을 꽃피운 에덴동산이다. 이 지역은 성경에 언급된 4대 강 중에 나오는 티그리스의 이름으로 보아 4대문명의 발상지 중 하나인 현 이라크 지역인 티그리스 유프라테스 강 유역임을 알 수 있다. 그리고 또한 4대문명의 발상지가 모두 동양에서 발생하였으니 동양문명은 인류문명사에 있어 근원이며 뿌리라 할 수 있다.

따라서 우리가 동양의 문화를 이야기할 때 다소간 조소적이고 냉소적인 것은 자기 비하로밖에 볼 수 없다. 19세기 초 서양의 제국주의 세력이 밀물과 같이 동양으로 몰려왔을 때 대부분 동양제국들은 제국주의 국가들의 식민자로 전락하였고 순리적인 역사발전의 기회를 강탈당하였다. 우리는 무엇 때문에 자신을 비하하는가? 이러한 것들은 우리가 애정을 갖고 가슴으로 느끼며 중국현대의 역사를 대해야 하는 이유인 것이다.

1966년 5월 16일, 이날은 중국공산당이 문화대혁명을 공식선언한 날로서 금년에 벌써 43주년이 된다. 대약진운동 이후 실패에 대한 책임으로 권력에서 밀려난 모의 어처구니없는 유소기와 등소평 등 실권파와의 권력투쟁과 소위 인간개조의 극좌적 실험이 낳은 결과는 돌이킬 수 없는 비극으로 막을 내리게 된다.

그러나 막상 모 사후 모에 대한 평가는 객관적이고 공정하지 못했다. 심지어는 문혁에 대한 언급조차 금한다. 예를 들면 2008년까지 중국 내의 인터넷 사이트인 baidu(百度)에 문화대혁명 검색어를 입력하면 다음과 같은 글귀가 나온다.

"당신이 입력한 검색어는 관계 법률의 법규를 위반할 가능성이 있습니다.(您輸入的關鍵詞可能涉及不符合相關法律法規的內容)"

문혁이 결속된 지 43년이나 지났다. 또한 과거의 잘못을 시인하고 어쩔 수가 없어서 개혁개방의 길을 선택한 현대 중국의 집권세력들은 현재에 이르기까지도 문화대혁명을 언급하는 것을 금기시한다.

등소평은 문혁은 당과 인민에게 건국 이래 심각한 좌절과 손실을 안겨준 모의 극좌적 오류라고 분명히 평가하였다. 그러나 중국 공산당의 창단멤버이자 중화인민공화국 건국의 주역이며 중국공산당의 원조인 모택동에 대한 역사적 평가는 신중할 수밖에 없는 것이다. 따라서 현재 중국의 지도자 후진타오는 모택동을 공칠과삼(功七過三)이라고 평가하면서 문혁은 마르크스레닌주의와 모사상의 궤도에서 이탈한 것으로 모사상과는 구분된다고 평가한다.

사회는 분화하여 자식이 부모를 고발하고 사랑하는 연인 사이에도 서로를 믿지 못하고 불신하며 제자가 스승의 뺨을 때리는 몰염치한 사회로 변하였으며, 그리고 어린아이들로 구성된 홍위병들이 이해할 수 없는 난동을 부리는데 이에 대해 모는 "난동을 부리는데는 이치가 있다(造反有理)"고 하면서 그들을 옹호한다.

이 사실은 "마르크스가 되고 또 진시황이 되기를"[3] 원했던 모택동의 전제적 통치 사고방식을 이해할 수 있는 대목이다. 이는 문혁

---

3) 석선, 김춘명, 앞의 책, 27쪽.

때 당 중앙의 위에서 모든 일을 처리했던 모의 정치적 행적을 통해서도 확인할 수 있다.

1976년 10월 6일 문혁의 주도세력 4인방이 정식으로 역사의 심판을 받는다. 뒤돌아보고 싶지 않은 10년간의 역사였다. 중국 현대사의 저명한 문학가 파금은 문혁을 20세기 최대의 인간개조 실험이라고 평가한 적이 있다.

역사는 되풀이되지 않는가? 문혁이 끝나는 바로 그 시기에 문혁 기간에 중국 대륙에서 자행된 인간개조실험이 인접국인 캄보디아에서 또 재현된다. 크메르 루주(Khmer Rouge) 정부의 폴 포트는 농촌을 기반으로 활동하면서 게릴라 부대를 이끌고 1975년 4월 론 놀 정부를 전복시키고 수도 프놈펜을 장악하는 데 성공했다. 폴 포트는 1975~1979년 사이에 집단농장을 통한 과도한 노동과 학대·고문 등으로 약 200만 명의 인민들을 희생시켰다.

역사는 과거의 잘못을 반성하고 뉘우칠 때에만 비로소 잘못을 되풀이하지 않으며 바른 방향으로 나아갈 수 있는 것이다. 이것이 바로 역사의 감계(鑑戒)작용이 아니겠는가? 문혁에 대한 역사적 평가가 중요한 이유도 여기에 있는 것이다.

2009년 2월 17일 악명 높은 투올슬렝 감옥의 교도소장 카잉 구엑 에아브(Eav. 66)는 캄보디아 국제전범재판소에 파란색 셔츠를 입고 어깨가 굽은 초라한 노인의 행색으로 모습을 보였다. 그도 인간이기에 "희생자에게 용서를 구한다."고 하였다.[4]

감옥에서 부녀자와 어린이를 포함해 1만 6천 명을 고문하고 살인한 사람이 어찌 용서를 구할 수 있겠는가? 노동자, 농민의 유토

---

4) 『조선일보』, 2009년 2월 18일.

피아를 만든다는 미명으로 안경 쓴 사람, 외국어 사용자, 손이 부드러운 사람을 부르주아로 몰아 고문과 학대 후에 잔인하게 학살한 사람을 누가 어찌 감히 용서할 수 있겠는가?

파금(2005년 10월 사망)이 1986년 6월 문혁박물관 설립을 주장하면서 "자신의 추악함을 직시할 수 없는 민족에겐 희망이 없다."는 강한 어조의 말을 남긴 적이 있다. 중국 인민 전체를 죽음의 공포로 몰아넣었던 문혁은 전 인민의 인간 개조의 미명으로 진행되었지만 사실은 당내의 정적인 유소기, 등소평 등과의 권력투쟁이며 이 과정에서 이들을 주자파(走資派)로 몰아 숙청을 단행하기 위한 하나의 도구로 볼 수 있다.

어린 홍위병을 내세워 자산계급의 사상을 지니고 있는 자들 혹은 그 문화적 잔재들을 중국에서 청소해 버리겠다는 야심찬 계획이 바로 문혁의 취지이지만 누가 이 사실을 믿을 수 있겠는가? 문혁의 발동은 개인의 사욕을 위해 인민을 담보로 삼은 신종 고리담보 형식인 것이다.

공칠과삼(功七過三)이라고 한다. 문화대혁명은 순박하게 일상을 살아가는 헤아릴 수 없는 수많은 사람들의 삶을 근본적으로 바꾸어놓았으며 그들을 절망의 수렁으로 빠뜨린 중국현대사의 비극적인 대사건이었다.

경제는 회복 불능의 상태에 빠졌고 정치는 모택동 일당독재로 인하여 그 기능을 완전히 상실하였으며 사회는 자식이 그 어머니를 불신하고 어머니는 그 자식을 고발하고 남녀 간의 관계는 사랑의 만남이 아닌 계급 간의 정략적인 만남이 되어 진정한 인간관계가 유지되지 못하였으며 문화는 소위 봉건적 잔재의 청산이라는 이름으로 아주 철저하게 파괴되었다. 이것이 바로 모가 그렇게도 원하고 소망하였던 "大同사회"였으며 이상적인 공산적 유토피아의 사회였단 말인가?

모택동은 말한다.

"수많은 자산계급의 대표 인물과 반혁명의 수정주의분자들이 이미 당과 정부 그리고 군대와 문화 영역 등 각계에 섞여 들어가 영도권이 마르크스주의자와 인민 군중 수중에 있지 않게 되었다."

"당내에서 자본주의의 길을 가려는 권력을 잡은 사람들은 하나의 자산계급 사령부를 형성했다. 그들은 수정주의 정치노선과 조직노선이 있어 각 성과 시 자치구 중앙 각 부문에는 모두 그들의 대리인이 있다. 과거의 각종 투쟁은 문제를 모두 해결할 수 없다. 단지 문화대혁명을 통해 공개적이며 전면적이며 아래에서 위로 광대한 군중을 동원해야만, 상술한 암흑의 측면을 파헤쳐야만 주자파에 의해 **빼앗긴** 권력을 되찾아올 수 있을 것이다. 이는 실질적으로 한 계급이 한 계급을 전복시키는 정치대혁명인 것이다."[5]

이해할 수 없는 말이다. 많은 자산계급의 대표 인물과 반혁명의 수정주의분자들이 이미 당과 정부 그리고 군대와 문화 영역 등에 있다는 논리는 당시 중국의 상황으로 볼 때는 맞지 않는 얘기다. 1949년 중국혁명 이후에 이미 정권은 노동자, 농민의 수중에 들어갔고 자산계급과 지주들은 거의 모두 철저한 숙청작업을 통하여 소멸된 것은 역사적 진실인 것이다. 이 사실을 누가 모를 수 있겠는가?

또 당내에서 권력을 잡은 사람들은 수정주의 정치노선이 있고

---

5) 중공 11기 6중전회 내용은 책 뒤에 관련 내용을 번역 소개하였음.

각 성과 시, 자치구, 중앙 각 부문에는 모두 그들의 대리인이 있다는 이러한 논점은 대약진운동의 실패와 이 문제를 둘러싸고 이어지는 중공 내에서의 모택동과 그 정적들 사이에서의 권력투쟁으로 이해하여야 함은 자명한 사실인 것이다.

문혁 기간 중 모택동은 오직 권력에 대한 욕구로 인하여, 심지어는 자신을 포함하여 당 중앙과 인민정부의 사업을 부정하기도 하였다. 진시황이 되기를 원했던 모택동은 어린 학생들과 군중을 동원하여 혁명동지이며 또 한편으로는 가족과도 같이 우정을 나누었던 주변 사람들을 비정하고 매정하게 매장시킴으로써 중공정치의 특성인 집단지도방식을 와해시켰다.

그는 사망할 때까지 일인 독재시대를 굳건히 지켰으며 이로 하여 중국 사회는 세계와는 격리되어 외톨이 신세가 되었고 1976년 그의 사망과 더불어 문혁이 결속되자 중국 사회는 수습이 힘든 상황에 처하게 되었다.

제1장

사회주의 정권의 탄생과 좌절의 시기

1. 사회주의 정권의 탄생

1949년 10월 1일 중국대륙에 모택동에 의한 공산정권이 탄생하고 전국이 잿더미가 된 상황하에 중국공산당은 1949 – 1951년 사이의 3년 경제 회복기와 1953 – 1957년 사이의 1차 5개년 계획을 성공적으로 완성하면서 정식으로 사회주의 국가의 시작을 선언한다. 그간의 노력으로 중국 사회는 경제회복이 불가능하리라는 서방 경제학자들의 예상을 뒤집고 몰라볼 정도의 사회 경제적 변화를 이루어낸다.

이 시기의 중국 사회는 과거에는 없었던 비행기, 자동차 생산능력도 갖출 정도의 공업생산능력의 비약적 발전을 이루었고 또한 사회주의 국가로서 갖추어야 할 물질적 기초를 마련했다고 볼 수 있다.

그러나 당시 중국은 전체 노동자 중 농업 종사자가 86.7%를 차지할 정도로 농업인구 비중이 너무 컸으며 게다가 농업생산방식은 여전히 전통적인 방식을 유지하고 있고 상품경제와 시장원리를 배척한 상황하에 생산력 발전을 위한 별다른 뾰족한 방법을 강구하지 못한 상황하에 농민의 문제를 우선적으로 해결하여야 하는 것이 급선무였다.

당시 전국의 인민 대부분이 농업을 업으로 삼는 상황하에 1957

년 당시 전국 주민이 1년에 소비하는 돈은 58달러이며 또한 문맹률은 70%에 달하였다. 이 같은 경제·과학·문화 등 부문에 낙후된 중국의 면모를 해결하기 위한 모택동의 정책은 1956년 5월 발표한 『논10대관계』(論10大關係) 문장을 통하여 살펴볼 수 있다. 내용은 경제와 정치의 발전전략 면에 있어 중요한 원칙이 들어가 있으며 경제의 발전 전략 원칙은 다음과 같았다.

중국건설의 핵심은 중공업이지만 중공업과 경공업, 농업의 투자 비율을 적절히 조절해야 한다. 즉 중공업뿐만 아니라 민생과 직접적인 관계가 있는 경공업과 농업도 중시하여 경제건설을 하자는 뜻으로 이러한 정책은 그 당시 국제정세가 어느 정도 평화를 유지하게 될 것이라는 예측에서 나온 것이며, 그리고 소련처럼 농업을 경시하여 농민을 고통으로 내몰지 않기 위하여 농업생산량 증대를 통한 농민의 수입증대를 위한 정책이다.

정치체제의 발전 전략 원칙은 다음과 같다.

소련처럼 모든 권력이 중앙에 집중되어서는 안 되며 중앙이 지도적 역할을 하면서 지방에게 많은 독립성을 주자는 원칙이다.

그러나 『논10대관계』 문장 발표 후 중국 사회는 사유제 발생문제와 체제모순문제라는 커다란 문제에 직면한다.

사유제 발생문제는 이러했다.

1차 5개년 계획 이후 중국 내에 개인 소유의 수공업 공장과 지하상점이 생겨난다. 이는 모든 경영이 국가계획경제하에서 이루어지는 사회주의 경제체제와는 맞지 않는 것이니 이에 대한 해결책으로 모택동은 1956년 12월 "지하공장은 사회의 필요에 의하여 생겨난 것이므로 합법화시켜야 한다"고 발언을 함으로써 해결방안을

제시한다. 그러나 사유제 발생문제는 시비를 가려 해결방안을 모색
했는데 반면에 체제모순문제는 시비를 따지는 것이 아니라 정치적
으로 접근하려고 한다.

체제모순문제는 이러했다.

1차 5개년 계획을 진행하는 중에 관료주의, 종파주의, 주관주의
등의 풍토가 생긴다. 이는 인민의 자질에 관한 문제로서 분명히 풀
수 있는 방법이 있는데 이러한 문제를 해결하는 과정에서 이들을
체재를 반대하는 정치범으로 몰아붙여 대규모 숙청을 단행한다. 결
과적으로 반우파투쟁(反右派鬪爭)이 벌어져 수많은 지식인, 당 간
부, 민주인사들이 우파로 몰려 숙청된다. 이것이 바로 반우파투쟁
과정 중에 일어난 정치적 측면에서의 좌경사상인 것이다.

이러한 정치적 측면에서의 좌경사상이 공산당 내에서 회오리를 일으
키며 경제에까지 확대되어 집중적으로 표현된 것이 대약진운동이다.

:: 1956년 중남해 회인당에서 모택동, 주은래, 유소기, 주덕이 담소를 나누고 있다.

2. 대약진운동

중국 현대사의 대사건인 대약진운동은 1958－1960년 사이에 일어난 운동으로 또한 2차 5개년 계획기간인 1958－1962년 기간과 거의 일치한다. 당시 중국 사회는 1차 5개년 계획이 완성된 후 좌경사상의 바람이 불기 시작하였고 1957년에는 "우경보수사상을 비판하고 생산에 있어 큰 약진(躍進)을 해보자"는 사설이 발표된다.[6]

그리고 12월에는 유소기가 15년 안에 강철생산량을 영국을 능가하겠다고 외치면서 극도의 좌경사상을 띤 비극적인 대약진운동의 서막이 시작된다.

모택동은 레닌의 저술을 즐겨 읽었다고 한다. 왜냐하면 중국혁명은 10월 혁명의 영향하에 발생하였으며, 여기에다 레닌의 저작은 생동감이 있고 활발하며 논리적이고 전투성이 강하기 때문에 레닌의 저작을 자주 정독하였다고 한다. 이 중 『국가와 혁명』의 경우는 구체적으로 모택동사상을 형성하는 데 큰 역할을 하였다. 예를 들면 이 책에서 레닌은 다음과 같이 기술하였다.

"혁명 후에는 국가의 모든 제도를 뜯어고쳐야 하며 정권을 뺏은 후에는 반드시 일체를 개혁해야 한다고 하였다. 그리고 국가는 한 계급이 다른 계급을 압박하는 수단이니 혁명민중들은 정권을 빼앗은 후에 반혁명자에 대하여 전제적 방법과 인정사정없는 압박수단을 사용하여 혁명화를 시켜야 하며 만약에 혁명화를 시킬 수 없다면 잔인한 폭력을 이용하여 혁명정부를 공고히 해야 한다"[7]는 관

---

6) 『人民日報. 社說』, 1957년 11월 13일.

점을 제시하였다.

이 같은 레닌의 공산이론에 의해 모택동은 1949년 혁명 성공 후 중국 사회를 노동자, 농민의 천국사회로 만들기 위해 폭압적 방법을 사용하여 자본가 계급과 지주 출신들을 숙청하였으며 국가의 제도 역시 대대적인 개혁을 통해 사회주의 국가의 모습을 만들어냈다.

하지만 필경 당시 중국 사회는 오랫동안의 전란 그리고 공산정권 탄생 이후의 대외적 고립 정책으로 인하여 선진국과의 격차는 이미 많이 벌어져 있었고 낙후한 국가가 되었다는 것은 자명한 사실이다. 여기에다 좌경사상이 공산당 내에서 회오리바람을 일으키며 경제에까지 영향을 끼치니 중국 사회는 이때부터 걷잡을 수 없는 불운한 시대가 전개되기 시작한다.

대약진운동은 당시 낙후된 중국경제를 발전시키고, 이어서 이상적인 국가를 만들려는 염원에서 비롯된 운동이다. 그러나 이 운동은 애초부터 경제발전의 기본원칙을 무시하고 진행된 비정상적인 운동으로 오히려 지나친 좌경사상에서 나온 정치운동이라 볼 수 있다. 당시 인민일보에서 자주 등장하는 말 중 이런 구호가 있다.

"사람이 담이 큰 만큼 더 많은 생산을 할 수 있으며 하지 못할 것을 두려워 말고 생각해 내지 못하는 것을 두려워해라(人有多大膽 地有多大産不怕做不到 就怕想不到)."

이 같은 다분히 이상에 치우친 계획들은 사람들의 마음을 감성적으로 만들었고 이 결과로 강력하고 폭압적인 방식의 인민공사와 공공식당이 만들어진다.

---

7) 레닌, 『국가와 혁명』, 중국: 외국문서적출판사, 1950년.

3. 인민공사

인민공사는 소형의 농업생산합작사(집단농장)를 합병하여 대형화한 운영형식이다. 그리고 하나의 인민공사 안에 공업, 농업, 상업, 학교, 민병을 만들어 모든 것이 공동으로 운영되는 방식이므로 인민공사는 공산당·정부·공장·군대의 4개 조직이 하나로 통합된 정치조직이자 생산조직이자 군사조직이라고 볼 수 있다.

이러한 방식의 인민공사는 1958년 7월부터 하남성 등지에서 만들어지기 시작하다가 8월 9일 모택동이 산동성 시찰 시 인민공사를 운영하는 것이 그래도 좋다(還是辦人民公社好)는 발언을 한 이후에 급속도로 인민공사가 만들어지게 되고 1958년 10월에 이르러서는 전국 농촌에 실시된다.

하지만 인민공사가 현실과는 벗어난 지나치게 폭압적인 정책을 시행하므로 이로 인하여 인민들의 생활은 점점 곤궁하고 피폐해지게 된다. 또한 인민공사를 하면서 공공식당제도가 더불어 시행되었는데 그 운영방식은 세계의 이목을 집중시켰다. 공공식당은 개인 소유 토지와 가축과 공유재산을 인민공사 소유로 전환시키고 이들 모두를 인민공사의 관리하에 두어 인민들의 최대 관심사인 식사문제의 경우도 공공식당에서 공동으로 해결토록 한 것이 가장 특징적인 면이다.

공공식당은 일명 대과반제도(大鍋飯制度)로 큰 솥에 밥을 지어 공사(公社) 사람들이 모두 모여서 양껏 식사할 수 있게 한 제도로 생산된 물건은 똑같이 소비하고 분배한다는 공산주의의 이념에 따라서 실시한 제도이다.

인민공사는 분명히 이상적인 유토피아 사회를 만들겠다는 목표를 가진 운동이었다. 전국에 인민공사를 만들어 사원들의 각고의 노력을 통해 아주 빠른 시간 안에 중국의 낙후한 경제를 변화시키겠다는 것이다. 따라서 실천상에 있어 무리한 면이 생길 수밖에 없는 것이다.

예를 들면 큰 방을 만들어 남자는 남자끼리, 여자는 여자끼리 자게 하여 가정조직을 파괴하였으며, 그리고 모든 토지와 집 등을 공사에 귀속시키고 또한 노동력 역시 필요할 때 얼마든지 이용하므로 이는 농민의 입장에서 보면 매사 적극성을 상실케 되고 수동적이며 일하는 데 의욕을 잃게 되어 그 결과 농업생산력은 떨어지고 국민경제는 파탄으로 이어지게 되었다.

대약진운동이 시작된 1958년에는 전례 없는 대풍으로 모든 인민이 공공식당에서 배불리 먹을 수 있었고 배가 큰 사람은 하루에 5-6번 식사를 하는 경우도 많았다. 그러나 다음해인 1959년 이후부터는 급격히 상황이 달라진다. 우선 소련의 원조가 중단되었고 또 대약진운동의 모순이 심화되었으며 설상가상으로 1959년, 1960년, 1961년의 3년간 자연재해까지 겹쳐 인민공사 체제하의 대부분 인민들은 쌀죽이나 우두(芋頭: 고구마의 일종)로 연명을 하는 생활을 하였다. 또한 이 당시 많은 사람들이 배고픔으로 아사하므로 사회는 극도의 혼란에 빠지게 된다.

이 기간에는 정치 경제적인 문제 외에 문화 면에서도 커다란 변화가 일어났다. 이에 대해 당시 서방국가에서는 "이 국가는 이미 6억 명의 거대한 개미무리로 변하였다. 부부들은 흩어졌으며 더 많은 작은 개미(아이)를 기르고 키우기 위하여 정부 마음대로 자식과 부모의 만남을 결정한다. 정부는 아이들을 부모로부터 앗아가서 국가의 탁아소에서 기르고 성장시킨다."고 큰 관심을 표명하면서 이런 상황이라면 "죽는 한이 있더라도 공산주의 제도 아래에서는 살지 않겠다."고 하였다.

이러한 서방국가들의 언론에 대해 당시 중국 매체에서는 "한낮, 거의 모든 중국아이들은 탁아소에서 생활하고 그곳에서 교육을 받는다. 왜냐하면 그들의 모친이 직업이 있기 때문이다. 그러나 소수의 기숙하는 아이 외에(그들의 부모는 아마도 한 주 혹은 그 이상의 기간 동안에 출장을 갔다가 돌아온다) 그들은 매일 밤에 부모와 함께 집으로 돌아온다."고 반박하였다.[8]

:: 1958년 8월 6일 하남성 칠리영 인민공사를 시찰 중인 모택동

---

8) 『참고소식』, 중국: 1960년 12월 17일.

제2장

팽덕회와 여산회의

1. 팽덕회의 사신(私信)

대약진운동 진행 과정 중인 1959년 7월 중공중앙정치국확대회의와 8차 8중전회가 여산에서 열린다.

회의 주제는 1958년부터 시작된 대약진운동이 좌경사상에 의해 파행으로 가자 좌경사상을 바로잡기 위한 회의였다.

그러나 회의 도중 모택동은 팽덕회가 1958년 대약진운동의 문제점을 지적하면서 자신에게 보낸 편지를 회의 안건에 올리게 된다. 이하 당시 팽덕회가 모에게 보낸 사신의 전문을 요약하면 아래와 같다.

……낙후한 국가경제문제를 이처럼 신속하게 해결할 수 있다는 것은 작은 일이 아니고 큰일이다.

전 인민들의 철강생산 중에 수많은 흙으로 만든 용광로를 만들어 많은 자원(물력과 재력)과 인력을 낭비하였다. 이는 당연히 커다란 국가적 손실인 것이다. 그러나 한편으로는 이 운동을 통하여 전국의 지질에 대하여 대규모 조사를 하였고 또 적지 않은 관계부문의 전문가를 양성하였으며 많은 간부들도 이 운동기간 중 단련을 하였다는 점은 소득이라고 할 수 있다. 즉 비록 손실은 있었지만 이러한 측면에서는 얻은 것도 있었다.

이런 측면에서 본다면 운동의 성적은 위대한 것이었다. 그러나 역시 적지 않은 경험을 통한 교훈을 얻었으니 이러한 사실을 진지하게 분석하는 것은 필요하며 도움이 될 것이다.

본인이 볼 때 1958년 대약진운동 시기에 출현한 약간의 결점과 잘못은 피할 수 없는 사실이다. 이는 마치 우리 공산당이 30년 동안 영도한 수차례의 혁명운동과 같이 위대한 성적 중에 결점이 있는 것과 같은 맥락이다. 이는 하나의 문제에 두 가지 측면이 있는 것과 같은 이론이다. 현재 우리들이 국가건설 중에 직면한 돌출된 모순은 比例에 있어 조화를 잃은 데 기인한 것이며 이로써 각 부문에 있어 문제가 발생한 것이다.

그 성격을 살펴보면 이러한 상황의 발전은 이미 공업과 농업 방면 도시의 각 계층 간의 관계, 농민의 각 계층 간의 관계에까지 영향을 끼치고 있다. 따라서 이 운동은 정치성을 띠고 있으며, 그리고 우리가 이후 광대한 군중을 동원하여 계속 약진을 실현할 수 있느냐 없느냐의 관건이 여기에 달려 있는 것이다.

과거 한 시기의 사업 중에 출현한 약간의 결점과 착오는 원인이 다방면이다. 그 객관적인 원인은 사회주의 건설 중의 미숙한 일처리와 경험의 부족을 들 수 있다. 즉 우리는 사회주의 계획경제의 비례발전규칙을 잘 이해하지 못하였으며 두 발로 길을 걷는 방침은 각 방면의 실제 사업에서 관철시키지 못하였으며 또 우리가 경제건설문제를 처리하는 중에 금문을 공격하거나 티베트 반란 등

정치문제를 처리하는 것처럼 민심을 얻지 못하였다.

다른 한편으로는 현재의 객관적 형세를 볼 때 우리나라는 첫째는 가난하고(일부 사람들은 굶주리고 있으며 그리고 작년 일인당 평균 면포(棉布) 18자를 사용했는데 18자로는 단지 한 벌의 홑옷이나 두 개의 팬티를 만들 수 있다), 둘째는 낙후한 상태인데 이런 상황에서 인민들은 절박하게 현 상황을 변화시키기를 원한다.

그 다음으로는 국제정세의 유리한 추세이다. 이 역시 우리가 약진하는 데 있어 중요한 인소인 것이다. 이러한 유리한 시기를 이용하고 광대한 인민들의 요구에 응한다면 우리들의 건설 사업은 가속화할 수 있으며 빈곤하고 낙후한 상태를 빠르게 변화시킬 수 있을 것이며 유리한 국제형세를 창조할 수 있을 것이다. 이러한 노력은 완전히 필요한 것이며 정확한 판단인 것이다.

과거 한 시기 우리들의 사상방법과 사업의 추진방법에 있어서 적지 않은 주의할 만한 문제를 누출시키고 있다.

그 주요한 것은 다음과 같다.

1. 허황되고 과장된 흐름이 보편적으로 일어났다. 작년 북대하회의 때 양식생산에 대한 예상이 과대하여 일종의 假象현상이 일어났다. 모두는 양식문제는 이미 해결을 보았으니 공업 방면으로 크게 나아갈 수 있다고 생각하였다. 이에 강철발전의 인식에 있어서 엄중한 편면성이 있어 강철연마기술과 설비·석탄·광석·갱목공급·운수능력·노동력증가·구매력확대·시장성 등을 어떻게 안배하느냐 등등의 문제를 진지하게 생각하지 않았다. 결론적으로 필요로 하는 평형계획이 없었다고 총결할 수 있다. 이 역시 마찬가지로 실사구시적인 측면이 충분하지 않았다는 실수를 저지른 것이다.

이 사실로 해서 바로 한 계열의 문제가 계속 산생되는 원인을 제공하지 않을까 우려되는 바이다. 이로 하여 허황되고 과장된 흐름이 전국의 각 지역과 각 부문을 휩쓸면서 일련의 믿을 수 없는 기적도 신문지상에서 볼 수 있었으며 이는 당의 위상과 믿음에 큰 손실을 불러왔다. 당시 각 방면의 보도자료를 통하여 볼 때 공산주의가 매우 빠르게 도래할 것 같은 기세였으며 이 사실은 많은 동지들의 머리를 뜨겁게 달구었다.

양식과 면화의 초과 생산과 강철생산의 열풍 중에 과대 포장과 낭비의 풍조가 따라서 만연하였고 게다가 추수는 형편없었고 본전을 생각하지 않았으며 가난한 생활을 하면서 풍족한 생활을 하는 듯이 여기게 되었다. 이와 같은 과장되고 허황된 풍조는 사회적 원인이 있는 것이며 이에 대해서는 연구의 가치가 있는 것이다.

이는 우리가 일을 할 때 임무와 지시는 있지만 구체적인 조치가 없는 것과 크게 관계가 있는 것이다. 비록 주석이 작년에 이미 전당이 충천한 사기와 과학적 분석을 결합해서, 그리고 두 다리로 걷는 방침으로 할 것을 제안했으니 보아하니 다수의 지도자들은 깨달은 바가 없는 것 같고, 나도 예외는 아니다.

2. 소자본계급의 광열성은 우리로 하여금 좌경의 잘못을 범하도록 한다. 1958년 대약진 중 나는 기타 많은 동지와 마찬가지로 대약진의 성적과 군중운동의 정열에 미혹되었고 좌경사상은 상당히 발전하게 되었다. 우리는 늘 한 발걸음에 공산주의로 진입하려고 했으며 앞다퉈 하려는 생각이 늘 우위에 있어 오히려 당이 장기적으로 형성해온 군중 노선과 실사구시 작풍을 뒷전에 두게 했다.

사상방법에 있어서 왕왕 전략적인 배치와 구체적인 조처, 장기적인 방침과 당면한 절차, 전체와 부분, 대집단과 소집단 등의 관계를 혼돈하게 되었다. 예를 들면 주석이 제출한 "15년 안에 영국을 따라잡는다" 등의 구호는 모두 전략적이고 장기적인 방침인 것이다. 우리는 연구가 부족하며 현재의 구체적 상황에 대하여 연구하는 데 주의하지 않고 있다. 사업은 적극적으로, 그리고 타당한 기초 위에서 안배해야 하는 것이다.

어떤 지시들은 본래는 몇 년 혹은 십 몇 년이 걸려야 완성되는 것인데 1년이나 몇 달 안에 해결할 것을 지시하기도 한다. 이는 실제와는 벗어나는 것이다. 군중의 지지를 받을 수도 없는 것이다. 우리는 지나치게 일찍이 등가교환(等價交換)의 법칙을 부정하였으며, 또 너무나 빨리 식사하는 데 돈이 필요 없는 제도를 시행하였다. 어떤 지역은 양식이 풍부하다고 여겨 허리띠를 풀고 밥을 먹자고 제창하였으며……

모 주석이 이번 회의에서 "성적은 위대하고 문제는 매우 많다. 경험은 풍부하고 미래는 밝다."고 지적하였다. 우리 전 당은 주동적으로 단결해서 분투해야 한다. 계속 약진해야 한다는 조건은 존재하는 것이다. 금년과 내년 그리고 4년 계획은 반드시 승리해서 완성할 것이다. 15년 내에 영국을 따라잡겠다는 목표는 4년 이내에 기본적으로 실현할 수 있을 것이며 어떠한 중요한 산품은 반드시 영국을 따라잡을 것이다. 이것이 바로 우리들의 위대한 성적이며 밝은 미래인 것이다.[9]

---

9) 왕패 외 2인 주편, 『노신문(1959 - 1961)』, 천진: 천진인민출판사, 1998, 5쪽.

2. 여산회의와 팽덕회

팽덕회의 사신은 크게 보면 두 부분으로 나누어 볼 수 있다. 첫 번째 부분은 대약진운동에 대해 문제점을 지적하면서도 긍정적인 입장을 취한 면이다.

팽은 이 편지를 통하여 대약진운동에 대한 객관적인 평가를 하였다. 즉 이 운동을 통한 소득으로 그는 전국의 지질에 대하여 대규모 조사와 관계부문의 전문가 양성 그리고 간부들의 운동기간 중의 경험을 소득으로 보았으며, 이런 측면에서 본다면 운동의 성적은 위대한 것이었다고 분명히 자신의 생각을 피력하였다.

두 번째는 운동을 통한 경험적 교훈을 차분하게 나열하면서 이를 통한 진지한 자세의 분석을 주장한다. 이 부분에서 팽은 1. 허황되고 과장된 흐름이 보편적으로 일어났다. 2. 소자본계급의 광열성은 우리로 하여금 좌경의 잘못을 범하도록 한다는 등의 예리하고 현실적인 고찰을 통해 대약진운동의 전개 중에 나타난 比例에 있어 조화를 잃은 문제와 정치성향을 띤 문제에 대해서 지적한다.

그러나 이에 대해서도 팽은 모의 입장을 고려하여 1958년 대약진운동 시기에 출현한 약간의 결점과 잘못은 피할 수 없는 사실이며 이는 마치 우리 공산당이 30년 동안 영도한 수차례의 혁명운동과 같이 위대한 성적 중에 결점이 있는 것과 같은 맥락이라고 표현함으로써 본인의 모에 대한 충성을 피력하였으며, 또한 자신의 편지는 많은 인민들의 아픔과 슬픔의 해결을 위하여 작성된 것임을 분명히 밝히고 있다.

다시 말하면 편지의 어느 부분에도 진시황이 되고 독재자가 되기를 원했던 모의 권위에 도전하는 내용은 포함되어 있지 않았다. 물론 대약진운동의 문제점을 지적하게 되면 그로 인하여 모의 권력기반에 충격이 가해질 것은 자명한 사실이었고 팽 자신도 이를 모르지는 않았을 것이다.

그래서 팽은 이 사실을 우려해서인지 개인적인 편지의 형식으로 자신의 의견을 전달하지 않았는가? 그리고 이 편지의 내용과 전달방식으로 볼 때 팽이 개인적인 야망을 가지고 있었다거나 정치적 음모를 가지고 편지를 작성했다고는 판단할 수 없다.

이 편지 내용을 보면 지극히 개인적인 자신의 생각을 편지를 통하여 모택동에게 표현한 것임을 알 수 있다. 예를 들어 공공식당에 대해서도 "팽은 당이 공공식당을 중단한다면 당장이라도 자기비판을 하고 원수복을 반납하고 모든 직책에서 물러나 귀향하여 농사를 지으면서 살겠다고 피력하였다. 이에 대해 모는 그동안의 짧은 결과만으로 판단해서는 안 되며 일이 년 더 시험해보고 그 성패를 판단해 볼 것이며 공공식당을 더욱더 적극적으로 추진하기를 원했다."[10]

결국에 여산회의는 대약진운동의 문제점을 지적하고 바로잡으려는 취지에서 시작된 회의였으나 팽덕회 등의 소위 우경(右傾)기회주의자를 비판하는 대회로 성격이 변한다.

그러나 팽덕회는 모택동이 비판한 것처럼 우경기회주의자도 아니고 때에 따라 수시로 이익을 따라다니는 변절자도 아니었다. 中央工作會議와 11기 三中全會 참가자였으며 또한 이때 中共中央

---

10) 북경선생, 천희상 옮김, 『권력의 그늘』, 세계인, 1998, 116쪽.

당 학교 副校長이었던 馬文瑞은 이 사건에 대해 "팽덕회가 모택동에게 쓴 편지는 정상적이었고 그 편지에서 언급하고 있는 상황 역시 사실이다. 그러므로 우경기회주의자의 강령이라고 하는 것은 억지이다."[11]고 말한 적이 있다.

그렇다. 모택동이 팽덕회에게 우경기회주의자의 큰 모자를 씌어준 이유는 다른 데에 있는 것이 아니고 자신의 최대 과오인 대약진운동의 문제를 지적한 팽덕회를 숙청함으로써 한편으로는 자신의 정치적 입지를 굳히고 다른 한편으로는 이번 기회를 빌려 정치적 정적들을 제거하려는 의도에서 나온 행동인 것이다. 그래서 심지어는 팽덕회가 "소련을 방문해서 흐루시초프와 결탁해 대약진운동과 인민공사를 비판하였다."[12]고 주장하기도 하였다.

자기가 좋아하고 사랑하는 사람과 헤어지려고 마음을 먹었다면 무슨 말을 못하고 무슨 계책을 쓰지 못하겠는가? 모는 혁명동지이며 절친한 친구였던 팽덕회를 자신의 권력을 유지하고 정치활동의 이용물로 사용하였던 것이다.

결국 이 대회에 참가한 대부분의 회의참가자들은 모택동의 위세에 눌려 팽이 모에게 올린 편지 내용은 모를 겨냥해서 쓴 것이라는 결론을 내린다. 그리하여 팽덕회 등을 우두머리로 하는 반당집단에 관한 결의안이 채택되어 이 결과 300여 만 명의 간부와 당원이 비판받았다.

---

11) 나평한, 『문혁전야의 중국』, 북경: 인민출판사, 2007, 126쪽.
12) 나평한, 위의 책, 126쪽.

::1961년 여산에서

　이후부터 중국 사회는 모택동의 개인숭배가 전개되며 어느 누구도
문제가 생길지언정 감히 진실을 말할 수 없었으며 따라서 대약진운동
으로 인한 인민들의 생활은 걷잡을 수 없는 지경에 빠지게 되었다.
　이에 대해서 당시 신문들은 여산회의의 여파와 당시의 언론통제로 인하여 누구도 진실을 보도하지 않았으며 오히려 기황에도 불구하고 중국 인민들이 현명하고 지혜롭게 극복하고 있다고 허위보도를 하였다. 당시 주화 영국 기자도 이에 동조해서 똑같은 내용을 보도하였다.

"내가 지난번 중국에 왔을 때는 공산혁명 이전이었다. 1942년에서 1944년 사이에 하남성과 광동성이 대 기황 중인데 이때 8백만 남녀와 아이가 기아로 사망하였다. 이때 많은 사람들은 몇 그릇의 밥을 얻기 위해 자신의 딸을 팔았으며 밥을 먹어치운 후에는 진흙과 나무껍질을 먹었다. 이러한 생활은 죽을 때까지 계속되었다. 현재의 서방에서는 이러한 공포스러운 일은 상상도 할 수 없는 일이지만 중국인에게는 이러한 고난은 자주 있었던 일이다.

금년(1960년) 화북지역에 60년 동안 처음 있는 대가뭄이 있었다. 그러나 **한 사람도 죽은 사람이 없었다.** 왜냐하면 양식을 독점하여 암시장에서 거래되는 일이 없었으며 모든 양식은 평균적으로 분배되었기 때문이었다."[13]

자신이 느끼는 감정을 표현할 수 없는 사회, 진실을 말하지 못하는 사회, 정치적 폭거, 여기에다가 근래에 없었던 3년 재해까지 겹치니 중국 사회는 혼란에 빠져들어 갔으며 민중들의 생활은 더 이상 참을 수 없는 지경에 처하게 되었다.

기근으로 힘든 상황에서 허위로 대풍이 났다고 보고하니 정부는 남김없이 곡식을 중앙으로 싣고 갔으며 민중들은 처음에는 몸이 퉁퉁해지더니 피골이 상접해서 죽어갔다. 눈뜨고는 볼 수 없는 참혹한 광경이었다.

뭔가 잘못되어도 크게 잘못되어갔다. 문제가 있으면 그 문제를

---

13) 『참고소식』, 1960년 12월 18일.

인식하고 바로잡으려는 노력을 해야지 문제를 해결할 수 있지 않는가? 그들은 알려고도 하지 않았다. 누군가 문제를 얘기하면 그는 국민당스파이가 되고 수정주의분자가 되고 우파 기회주의분자가 되어 사지로 몰렸다.

중국 인민에게 묻는다. **너는 왜 사느냐? 그는 죽지 못해 산다고 대답할 것이다.** 사는 것이 하루하루가 고통의 연속이었다.

그러나 그들은 말한다. "가장 중요한 것은 정신문명이다. 이 혁명은 심각하게 사람과 사람 사이의 태도를 변화시키고 있다. 5,000마일을 여행해도 한 명의 거지나 가난한 사람들을 찾아볼 수 없다. 어떤 이들은 유물론과 무신론정권하에서 인민들은 인성과 도덕성을 상실했다고 말한다. 만일 그렇다면 어찌하여 대부분 양로원은 유치원 부근에 배치되었고 무엇 때문에 연로하고 적막한 자들에 대한 관심과 배려가 이렇게 크다고 생각하는가? 진리가 한 사람의 편견을 깰 때 종종 그는 편안치 않거나 불안감을 느낄 수 있는 것이다."[14]

이러한 관점들은 그야말로 이해할 수 없는 편견이다. 이 시기 중국인들의 삶은 50만 년 전에 살았던 몽고인종의 조상인 북경인의 평균수명만큼도 살지 못하였다. 그들의 거주환경과 먹는 음식들은 중국신석기시대의 앙소문화 원시인보다도 열악하였다. 그야말로 상상할 수 없는 환경이었다. 이로 인하여 그들의 마음은 피폐해지고 상처 났으며 삶에 대한 의욕은 이미 상실한 상태였다. 이러한 허황되고 과장된 풍토는 결국에는 중국 사회를 더 이상 회복불능 상태로 빠지게 만들었으며 결국에는 문혁이라는 대재앙의 길로 들어가게 하였다.

---

14) 『참고소식』, 1960년 12월 18일.

3. 팽덕회의 숙청

1959년 7월 여산회의 직후 9월 17일 팽덕회는 대약진과 인민공사를 비판한다는 이유로 모의 노여움을 사서 국방부장 직에서 해임된다. 그 후 팽은 북경교외에 가서 농사를 지으며 살았고 1965년에는 모가 그에게 사천성 성도로가 공장 일을 하도록 하였다. 팽이 공장 일은 모르니 농사를 지으면서 살겠다고 완강히 거부하자 모는 팽을 중남해로 불러 5시간을 설득해서 성도로 가겠다는 답변을 받아낸다.

::1959년의 팽덕회 모습

이상한 것은 좋은 분위기 속에서 성도 행을 권유해놓고서는 팽이 성도로 가기 며칠 전인 1965년 11월 10일 『문회보』에 요문원의 문장을 발표한다. 그리고 도착 당일인 11월 30일에 『인민일보』에 문회보 문장을 전재한다.

이는 문혁의 성공적인 진행을 위해 팽을 문혁발동의 희생물로 이용했으며 또한 이 사건은 모택동이 사전에 치밀히 계획하고 안배한 것이라는 좋은 증거이다.

팽은 6.25전쟁 때 중공군 총사령관 직을 역임하였으며 또한 당시 국방부장 직인 군통수권을 잡고 있던 원수였으며 모택동의 초기 혁명의 전우이기도 하였다. 이처럼 생사고락을 같이하였던 팽은 한순간에 반역자가 되어 모택동의 정적으로 변해 있었다. 이것이 우리네 삶의 모습이 아니겠는가?

팽은 1967년 7월부터 두 달이 채 안 되어 100여 번의 비판을 받았으며 만신창이가 된 팽은 반신불수상태가 되었고 고통 속에서 진통제 한 번 맞지 못하고 기절해서 사망하였다. 이때가 1974년 11월 29일로 향년 76세이다. 죽은 후에는 화장 후 상자에 327번 성도 사람 왕천(王川), 32세라고 거짓으로 적었다.[15]

---

15) 이영주 편, 『문화대혁명 중 명인의 죽음』, 북경: 중앙민족학원 출판사, 1993, 310쪽

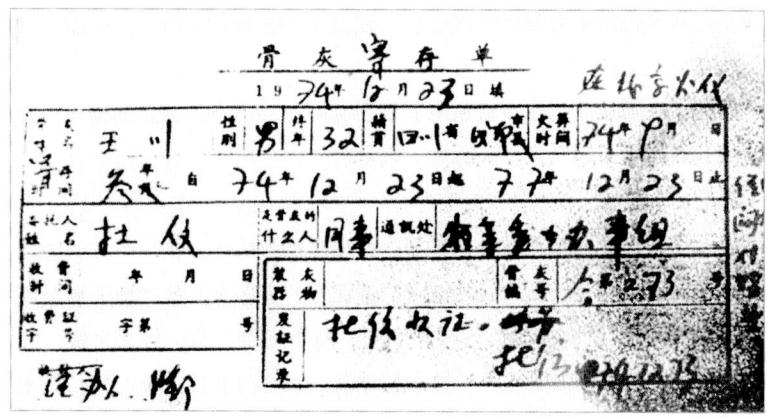

::유해 보관증

팽덕회의 인간적인 면모는 그의 평소의 언행을 통해서도 쉽게 살펴볼 수 있다. 팽덕회는 "나는 흙으로 빚은 사람이 아니다. 혁명이 성공한 이후에 우리들 중의 어떤 이들은 높은 직책을 맡으면서 점점 고귀한 척하고 군중과의 거리는 점점 더 멀어져 가고 있다. 지금 금사 강변의 사람들은 여전히 당시 홍군이 강을 건널 때 입었던 낡은 양가죽을 옷으로 삼아 걸치고 있다. 이 사실을 누가 알고 있는가? 우리들은 비가 오는 듯이 쏟아지는 총알을 무릅쓰고 작은 목선을 이용하여 홍군을 한 사람 한 사람 건너게 하여준 그 사람들에게 떳떳할 수 있는가? 다른 사람은 몰라도 나 팽덕회는 기억해야 하며 나는 영원히 중국 인민의 아들이며 인민의 사병이다."[16]고 말하였다.

이러한 발언 내용을 통해 우리는 그의 강직하고 곧은 성품을 읽을 수 있으며 어떤 면에서는 바보스러울 정도로 자신이 옳다고 생

16) 심국범, 『팽덕회』, 북경: 당대 중국 출판사, 2007, 46쪽.

각하면 포기하지 않는 일면을 알 수 있다. 이처럼 진실되고 순수한 팽덕회의 성품은 모택동 자신이 잘 알고 있었던 사실이다. 이 점은 역시 모가 팽을 좋아하고 평생을 친구이자 동지로 지냈던 이유이기도 하였다.

세상에 변하지 않는 것은 없다고 하지 않았는가! 모가 동향이며 절친인 혁명동지 팽과 등을 돌리고 냉정하게 돌아서게 되는 연유에 대해서는 아직도 이해할 수 없는 사실이다.

이는 권력투쟁과 불가분의 관계에 있으며 자신이 원하는 것을 얻기 위해서는 무엇이든지 할 수 있는 모의 철두철미한 계산된 책략임을 알 수 있다. 1958년 모의 주도로 시작된 대약진운동은 많은 문제점을 노출하며 실패의 길을 가고 있었다. 게다가 1959년 4월 유는 모와 공동주석 직을 맡게 되고 지도자들의 여론은 유 쪽으로 많이 기울게 되었고 뿐만 아니라 모 비판의 움직임까지 있게 된다.

그래서 모는 정치적 지위를 유지하고 공고히 하기 위하여 최대 정적인 유소기를 비롯한 그의 배경을 하나하나 제거하기 시작하였던 것이다. 모택동은 팽을 유소기의 배후로 보았던 것이다.

봉건적 잔재의 청산을 주장하고 공산주의 실현을 위해 인민공사를 시행했던 모가 권력을 유지하기 위하여 사용했던 방식은 고대 전제정치 시기의 독재자의 모습과 조금도 다름이 없음은 어쩐 일인가? 진시황이 되기를 원했던 그의 말은 마음속의 말이었는가? 그가 그토록 진정으로 바라던 것이 인민의 천국인 공산주의의 실현이 아니고 독재자 진시황이 되기를 바랐던 것인가?

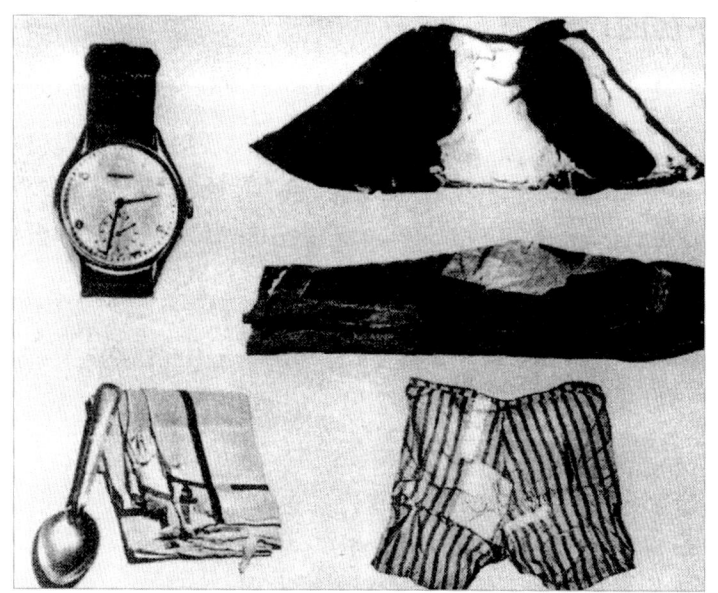

::팽덕회가 연금 시기에 사용하였던 시계, 면옷, 속옷, 숟가락, 손수건

제3장

문화대혁명(1966. 5 - 1976. 10)의 발생 배경과 도화선

1. 발생 배경

1962년 이후 모택동은 대약진운동의 진행 과정 중에 나타난 정책적 과오와 이에 따른 정치상의 문제제기와 이견들에 대하여 이들을 모두 공산당 내의 계급투쟁으로 귀결하려는 견해를 표명하였다. 그러다가 모는 중공8기 10중전회(中共8屆10中全會: 중국공산당 제8차 중앙위원회 제10회 전당대회)에서 소위 '흑암풍'(黑暗風), '단간풍'(單干風), '번안풍'(翻案風) 문제를 제출한다.

이와 아울러 무산계급 혁명과 무산계급 전제정치의 모든 역사시기 그리고 자본주의에서 공산주의로 이행하는 과도시기에 무산계급과 자산계급 간의 투쟁 혹은 사회주의와 자본주의 이 두 길의 투쟁은 늘 존재해 왔으며 계급투쟁과 자본주의 복벽(復辟)의 위험성 문제는 현재부터 해마다 또 매달 얘기해야 한다고 강조한다.[17]

이로써 좌경사상을 띤 무산계급과 자산계급 간의 계급투쟁이론은 중국공산당의 지도사상으로 자리 잡게 되며 이 회의는 문화대혁명의 서막을 알리는 중요한 계기가 된다.

---

17) 나평한, 『文革前夜的中國』, 북경: 인민출판사, 2007, 44쪽.

'흑암풍'에 대해서 모는 어떤 사람은 현재 정세를 암흑으로만 보고 光明을 보지 못한다. 따라서 사회주의는 안 된다고 얘기한다. 이 말은 유소기 등이 대약진운동 후인 1961 – 1962년 사이에 중국 경제가 잘되기 위해서는 '쟁취는 빨리 하고 준비는 천천히(爭取快 準備慢)' 방식의 실사구시 정신으로 해야 한다는 말을 한 적이 있는데 이를 두고 한 말이다.

'단간풍'에 대해서 등자회는 자산계급의 입장에 서서 사회주의를 반대하는 사회주의 혁명정신이 없는 사람이라고 비판하였다. 이는 등자회가 포산도호(包産到戶: 농민생산책임자로서 일정 토지를 개인이 맡아서 책임 생산함.) 방식을 지지하는 것을 두고 하는 말이다.

'번안풍'은 팽덕회를 두고 이르는 말로써 모는 팽을 안건을 뒤집는 바람을 일으키는 사람이라고 비판한다. 사연인즉 대약진운동이 파행으로 가자 팽은 운동의 문제점을 지적하는 사신을 모에게 보냈다가 비판을 받은 적이 있다. 근데 팽은 비판을 받은 후에 1962년 11월 9일 다시 편지를 써서 자신의 주장을 되풀이 한다. 그래서 모가 팽은 안건을 뒤집는 바람을 일으키는 사람이라 하여 번안풍이라고 비판한다. 이는 계급투쟁을 빗댄 정치투쟁의 시작이라 볼 수 있다.

상기한 바와 같이 권력층에 대한 계급투쟁과 아울러 문예계에 대한 정치투쟁도 진행된다.

1962년 9월 중공8기 10중전회에서 모는 "무릇 정권을 얻기 위해서는 반드시 먼저 의식형태에 있어 일을 해야 한다. 혁명계급도 이러한 것이고 반혁명계급도 이러한 것이다."는 발언을 한다. 9월 27일에는 중앙공작회의에서 "무대를 보면 모두 제왕장상 아니면 員

外丫鬟이다." "추진해서 새로운 것을 낸다고! 내는 것이 봉건주의와 자본주의인가?"라는 발언을 한다.

12월 12일에는 "희극, 곡예, 음악, 미술, 무도, 영화, 시, 문학 등의 문제가 적지 않다. 많은 부분이 아직도 죽은 사람이 통치하고 있다. 공산당원들은 열심히 봉건주의와 자본주의를 제창하고 오히려 사회주의의 예술을 제창하지 않는다. 이 어찌 이상한 일이 아니겠는가?"라고 하였다. 1964년 6월 모는 또 이르길 문화부는 "제왕장상부(帝王將相部)", "재자가인부(才子佳人部)", "외국사인부(外國死人部)"라고 하면서 문예계는 기본적으로 15년 동안 당의 정책을 집행하지 않는다고 비판했다.[18]

이러한 모택동의 의식영역에서의 문제제기에 의해 1963년 곤극(昆劇)『이혜냥(李慧娘)』이 비판당한다. 즉 극에서 언급된 "복수"는 공산주의에 대한 복수를 빗대 놓은 것으로서 이는 당을 반대하고 사회주의를 반대하는 독초라고 몰아간다.[19]

이어서 문예계의 많은 인사들이 비판받으며『조춘2월(早春二月)』, 『북국강남(北國江南)』, 『사요환(謝瑤環)』등의 영화가 비판받는다. 이러한 문예계의 비판운동은 학술계로 이어져 역사 철학계의 수많은 사람들이 비판의 대상이 된다.

모는 학술계에 몸담고 있는 사람들을 자산계급에 속하는 지식분자로 인식하였으며 이들이 몸담고 있는 학교 역시도 계급투쟁의 대상으로 보고 있는 것이다. 이처럼 문예계와 학술계를 자산계급 반동분자의 집단으로 규정하고 타도의 대상으로 삼으면서 이 당시

---

18) 주화호 외 2인 편찬,『중화인민공화국대사 기사본말』, 사천: 사천사서출판사, 1993, 342쪽.
19) 주화호 외 2인 편찬, 위의 책, 342쪽.

교육과 과학발전은 막대한 손실을 가져오게 된다.

본래 모는 중국공산화 이전부터 자연과학과 문화 방면에 대해 깊은 관심을 표명하였다. 1940년에는 연안에 자연과학연구회를 건립했다. 건립대회에서 모는 "자연과학은 인류가 자연을 쟁취하는 일종의 무장이다. ……인류가 자연에서 자유를 얻고자 한다면 자연과학으로 자연을 이해해야 자연을 극복하고 자연을 개조할 수 있다."고 말했다.

1941년에는 소련에서 공부하고 있는 두 아들 안영(岸英)과 안청(岸靑)에게 편지를 써서 그들에게 "아직 젊었을 때 자연과학 공부를 많이 하라."고 건의한 적도 있었다.

중국 통일 후에는 마르크스레닌사상을 학습할 뿐만 아니라 소련의 선진과학을 배워 중국 건설에 이바지할 것을 호소하였고 1958년 초에는 "기술을 배우고 과학을 배워야 한다."고 호소하면서 "과거에는 싸울 줄 알고 토지개혁을 할 줄 알면 되지만 지금은 그것으로 부족하다. 새로운 기술을 학습해야 하고 진정으로 업무를 파악하려면 과학과 기술을 배워야 하며 그렇지 않으면 지도를 잘할 수 없다."고 말했다.

또 모는 1957년, 과학문화 건설을 4개 현대화 임무로 열거하였고 『연합정부를 논함』이라는 글 중에서는 "중국의 공업화와 농업화를 위해서 투쟁해야 한다."고 말했다. 이에 대하여 주은래는 『정부 공작 보고서』에서 당 중앙 모택동의 사상에 근거해서 "강대한 현대화 공업, 현대화 농업, 현대화 교통운수, 현대화 국방을 건설한다."고 의견을 제기했다. 이 '사화(四化)'는 물질문명 건설 요구에 대한 표현이다.

1957년 모는 당의 전국선전공작회의에서 "사화" 제안을 변경시켰다. 즉 현대공업화, 현대농업, 현대과학문화를 구비한 사회주의 국가를 건설할 것을 제안했다. 1963년 12월에는 섭영진(聶榮臻) 등이 모택동에게 새10년 과학기술규모를 회보하였으며 모는 또 한 번 과학기술을 반드시 잘할 것을 강조하기도 하였다.

그러나 문혁이 시작되고서 이러한 이전의 국가정책은 전면적인 변화를 보이게 된다. 즉, 모는 "계급투쟁을 근본으로 삼아 의식형태의 모든 범위와 영역에 있어 엄격한 비판을 가하였다. 이러한 비판은 물론 실제와 부합되지 않았으나 이 비판을 통하여 우리는 모가 의식형태 문제를 매우 중시하고 있음을 알 수 있다.

"문화대혁명"은 사실상 "정치대혁명"이다. 그러나 그것은 "문화"와 결코 완전히 무관한 것은 아니었다. 문화대혁명은 문화사상 영역 문제로써 도화선을 삼았던 것은 분명하다. 모는 문화대혁명을 통해서 한 계급이 다른 한 계급을 쓰러뜨리는 정치대혁명을 꾀하였다.

그가 이 운동을 발동한 데는 명확한 설계가 있었다. 그것은 바로 이 운동을 통해서 전국이 하나의 대학교가 되는 것이다. 즉 공, 농, 병, 학, 상이 모두 농업을 배우고 군사를 배우고, 마르크스를 배우고, 문화를 배우고 해서 사람마다 망치를 들면 일을 할 수 있고, 곡괭이를 들면 논밭 일을 할 수 있고, 총을 들면 싸울 줄 알고, 펜대를 잡으면 글을 쓸 수 있는 문에 능하고 무에 능한 전능적인 사람이 되기를 바랐다.

그러나 그것은 실현할 가능성이 없는 공상이었다. 이것은 모의 아름다운 이상이었고 중국 국민에 대한 열망임을 인정하지 않을 수 없다. 그러나 문화대혁명은 문화의 번영도, 전능적인 사람도 만들지 못하였고 오히려 문화적인 큰 재해를 초래했고 전 민족에게 재난을 초래한 결과에 대해서는 결코 예측하지 못했다.[20]

경제는 한 국가의 기초이다. 또한 정치와 문화사상의 결정 인소이며 문예와 사회생활 관계를 해결하는 이론기초다. 사회생활은 문예창조의 유일한 원천이며 문예는 사회생활의 반영인 것이다. 경제적인 기초가 없이는 그 어떤 것도 이룰 수 없으며 그것은 단지 공상일 뿐이다.

모는 이상적 유토피아의 사회를 실현하는 첫걸음으로 문화와 인민들의 의식개조부터 손을 쓰기 시작하였다. 그러나 아무런 경제적 배경이 없이 막무가내로 시작된 이 운동은 인민들의 희생만 강요한 그야말로 한 인간의 어리석고 비정한 생각이 얼마나 무서운 결과를 낳을 수 있는가를 보여주는 좋은 실례를 낳았을 뿐이었다.

이에 중국은 문혁이 결속된 후에 국가의 중점을 사회경제 건설로 옮겼다. 즉 대외 개방을 통한 경제활동에 역점을 두는 방침이었다. 즉, 대규모로 국민경제를 발전시키고 물질문명 건설을 중시해야만 인민민주전정의 정권이 굳게 물질 기초 위에 설 수 있으며 인민이 주인이 되어 가정을 꾸리고 국가사업을 관리하는 데 믿을 수 있는 물질을 향상시킬 수 있도록 보장을 한다는 이론이다. 또 이렇게 해야만 인민이 안거낙업(安居樂業)하고 사회가 안정되고 국가가 발전하며 국제적으로 위상을 높이고 문화 사업이 번창하게 된다는 것이다.

반대로 계속 "계급투쟁을 강"으로 삼고 경제 건설을 무시하고 국민 경제를 首位에 두는 것을 반대한다면 결국 인민민주전정을

20) 대지현, 『모택동문화사상연구』, 북경: 중국인민대학출판사, 1992년, 16 - 18쪽.

약하게 하고 사회민주문화과학 발전을 저해할 뿐이라는 이론이다.

본래 모택동의 문화에 대한 정책은 매우 개방적이었다. 사회주의 이론가들은 유교는 마르크스주의의 무산계급 신문화를 이단사설이고 중국 실정에 맞지 않은 것으로 여겨졌다. 그러나 공맹도(孔孟道)에 대해서 전부 부정하는 것은 아니다.

1943년 모는 공맹의 도가 중국문화의 불량전통이라는 관점에 대해서 초점을 맞추어 "공맹의 일부분은 진리이고, 전부 부정하는 것은 비역사의 관점이다. 즉 예를 들면 쉬지 않고 자신을 단련하는 일(自强不息), 불굴의 정신, 천하의 일은 자신의 책임에 있다는 우국 우민적 사회책임감, 외래 침략주의에 반항하는 애국주의정신, "국궁진췌(鞠躬盡瘁)와 사이후이(死而後已)"의 정신, "사생취의(捨生取義)"의 봉헌정신, 먼저 천하의 근심거리를 걱정하고 나중에 천하가 즐거우면 즐거워한다(先天下之憂而憂, 後天下之樂而樂)는 고상한 품격, 옥이 깨질지언정, 온전한 기와로 있을 수 없다는 영웅 기개의 마음, 아무리 가난하고 천하더라도 어려움에 마음이 변하지 않으며 위압과 무력에도 절대 굴복하지 않는다(貧賤不能移, 威武不能屈)"는 곧은 품격, 자신이 하기 싫은 것은 다른 사람에게 강요하지 않는다는 사회도덕관 등이 모두 중국의 민족정신과 우량 전통이며, 계승하고, 떨쳐 일으킬 가치가 있다."고 하였다.

하지만 전통문화 중에 동시에 낙후하고 진부한 성분을 포함하고 있다. 예컨대 도덕을 중히 여기고 공리를 가볍게 여기는 것, 계승을 중히 여기고 새로운 것은 가볍게 여기는 것, 남자를 중히 여기고 여자를 경시 하는 것, 운명을 믿는 것, 풍수와 인과응보 따위의 미신 등의 이러한 진부한 낙오된 전통은 비판하고 없애야 한다는 것이 그들의 이야기다.

이것이 바로 모가 계승과 외래문화를 차감(借鑑)하는 것을 거절하지 말라는 것이다. "문화대혁명" 기간 "사인방"은 고대문화를 모두 "봉건의 잔재 세력"으로 여겨 배척했고, 외국을 향해 배우는 것과 신기술을 도입하는 것은 "양노(洋奴)철학"으로 역시 배척되고 철저히 비판되어, 사회주의 문화가 전통문화와 외래문화와의 관계를 완전히 단절해서 문화발전의 규율을 위배하였다.[21]

한 민족의 문화에는 그 민족이 예부터 누려왔던 언어와 사상과 감정이 그대로 녹아 있다. 전통문화의 부정은 바로 자신을 부정하는 결과를 낳게 된다. 따라서 모는 계승과 창신의 관점에 대한 비판에 있어서, 마르크스스레닌의 관점과 일맥상통한다. 모는 전통을 계승과 새 문화를 창신함에 있어서 4글자 "추진출신(推陳出新)"으로 포함시켰다. "추진출신"은 바로 문화를 계승하고 흡수하는 기초 위에 무산계급의 사회주의의 신문화를 창조하는 것을 의미한다.

민족허무주의는 전통문화를 전면 부인하는 것이다. 80년대 "문화열" 중에 문화허무주의가 출현했는데 두 가지 원인이 있다. 1. 십년 동란 중 사인방의 파괴로 천년 중에 중국문화전통과 혁명문화전통에 대한 지식이 "진공"상태를 초래했다. 2. 장기간의 단절로 일단 문호 개방 후에 원래 생소한 서방문화에 대한 호기심과 일종의 숭배로 민족문화에 대한 경시와 부인으로 해서 외래문화에 대한 맹목적인 숭배와 광적인 추구에서 기인한다.[22]

이 같은 80년대의 사조는 문혁의 민족문화 말살정책과 불가분의

---

21) 대지현, 위의 책, 34-54쪽.
22) 대지현, 위의 책, 58쪽.

관계에 있다. 문혁시기에는 이전의 문예에 대한 정책을 완전히 바꾸어 문예와 정치의 관계, 문예와 혁명사업의 관계에 먼저 착수하였고 또한 많은 문예 작가들과 군중이 결합해서 문예로써 무기를 삼아 혁명투쟁을 진행하고자 하였다.

모택동은 문예는 인민 군중을 위해 제공되어야 한다고 생각하였다. 따라서 문예는 먼저 공·농·병 군중을 위해 제고되어야 한다는 것이 혁명문예의 근본 원인인 것이다. 이 근본 방침은 마르크스주의 역사유물주의 관점을 구현하는 것이다.

혁명문예는 인민 군중을 위해 한 방향으로 제공되어야 할 뿐만 아니라 또 어떻게 인민 군중을 위해 제공되어야 할 문제가 있다. 다시 말해서 혁명 문예 작업은 사상적인 면에서 누구를 위해 제공하는지 명확하게 해야 할 뿐만 아니라 실천 면에 있어서 이 방향을 굳게 고수해야 하는가의 문제이다.

모는 이 문제에 있어서 이 혁명문예는 주로 공·농·병의 생활과 투쟁에서 표현해야 하며 공·농·병의 영웅적인 이미지를 형상화해야 한다고 말했다. 즉 공·농·병이 문예작품의 주인공이 되어 옛 문예작품에서 역사적으로 중요하게 여겼던 주인공을 전도시켜야 하며 문예작가는 무산계급의 입장에 서고 또 인민 대중의 입장에 서서 "자신이 군중의 충실한 대변인"이 되어 표현하여야 한다고 하였다.

따라서 모는 혁명문예는 많은 군중이 받아들일 수 있고 좋아할 수 있는 것이어야 한다고 주장한다. 예를 들면 다음과 같다. 1. 군중 문화 수준을 고려한다. 2. 어떤 형식으로 해야 할지 고려하는데 있어서 반드시 일반 백성들이 좋아하는 민족 형식으로 해야 한다. 3. 언어문제를 고려해야 한다. 일반 백성들이 알아들을 수 있고 듣기 좋아하고 읽기 좋아하는 언어를 선택해야 한다.

그러나 1958년 대약진시대에 부채질하고 선동한 "부과문예(浮誇文藝, 과장하고 허풍떠는 문예)"와 십년 동란 기간에 임표와 사인방이 만든 "조신문예(造神文藝)"와 "음모문예(陰謀文藝)"는 모두 인민 이익에 위배되는 문예이다.[23]

본래 중공정권 탄생 이후 중국의 문예정책은 매우 정상적이었다. 1951년 4월 3일 중국희곡연구원이 건립되고 모는 이 연구원에 제명과 제사를 "백화제방(百花齊放), 추진출신(推陳出新)"이라고 지었다. 이 사제가 바로 희곡의 개혁 방침일 뿐만 아니라 신민주주의의 발전과 사회주의 문예 예술의 방침이다.

또 1951년 5월 모는 『인민일보』에 『텔레비전「무훈전(武訓傳)」에 대한 토론을 중시해야 함』이라는 사론을 썼다. 1954년 10월 16일 모는 중앙정치국 동지와 기타 동지들에게 『홍루몽 연구에 관한 문제의 서찰』을 썼다. 이 사론과 서찰을 시작으로 해서 영화『무훈전』을 비판했고, 유평백의 『홍루몽 연구』를 비판했고, 호적사상을 비판하는 군중운동을 시작했다.

또 1956년 5월 17일 모는 중공중앙정치국확대회의에서 유명한 "百花齊放, 百家爭鳴" 방침을 제출했다. 이 방침은 중국 사회주의 문예예술과 문화과학의 발전과 번영에 지대한 영향을 미쳤다.[24]

그러나 60년대 모의 문예계에 대한 이전과는 완전히 상반된 방침은 단순한 학술상의 문제를 정치문제로 비화시켜 그들을 자산계

---

23) 대지현, 위의 책, 73-74쪽.
24) 대지현, 위의 책, 13-17쪽.

급이니 수정주의니 하는 식으로 비판하며 나아가서는 반사회주의
자로 낙인찍어 수많은 문예계와 학술계 종사자들에게 돌이킬 수
없는 정신적 상처를 입혔다. 이러한 비정상적 문예계의 흐름은 이
후 전 인민들의 비판운동으로 번져 수습할 수 없는 지경에 달하게
된다.

　이러한 배경하에 역사적인 해서파관 논쟁이 벌어지면서 10년간
의 문혁이 전개된다.

2. 『해서파관』과 문화대혁명 도화선

　해서파관은 1959년 4월 중공중앙이 상해에서 회의를 했는데 회
의석상에서 모는 "명나라 때 청렴한 관원인 해서(海瑞)를 배워라.
해서는 당시에 황제를 심하게 욕했으나 그러나 해서는 충신이었다.
역사학자들은 해서를 잘 연구해야 한다."고 하면서 감히 말하지 못
하는 일부 사람들을 비판하였다.

　이후 정부 선전부 책임자 호교목은 명청사 전문가이자 북경시
부시장인 오함을 만나서 해서와 관계된 문장을 써줄 것을 요청하
였다. 이에 오함은 흔쾌히 『해서가 황제를 욕하다(海瑞罵皇帝)』문
장을 작성하여[25] 발표하였고 후에는 『해서를 논한다(論海瑞)』[26]를
발표하였다. 이어서 북경 경극단 단장 마련량이 해서에 관한 경극

---

25) 『인민일보』, 1959년 6월 16일.
26) 『인민일보』, 1959년 9월 21일.

대본 원고청탁을 하여 오함은 1년여를 공을 들여 7번 수정을 거쳐
1960년 11월 『해서파관(海瑞罷官)』 극본을 완성하였다.

:: 요문원이 『문회보』에 발표한 『신편역사극 해서파관을 평함』 문장

이처럼 오함에 의해 작성된 '해서' 관련 문장인 『해서가 황제를
욕하다』와 『해서를 논한다』 그리고 경극대본인 『해서파관』 극본은
모두 모택동의 지시와 관계 정부기관의 간곡한 요청에 의하여 작성
된 문장인 것이다. 엄밀히 얘기하면 이 글들은 "청렴한 관원인 해서
를 배워라"라는 모의 지시에 의해 작성된 작품인 것이다.

그런데 경극 대본이 완성되고 강청이 이 대본을 본 후에 문제
제기가 되면서 결국 요문원 장춘교와 강청의 합작품인 『새로 편찬
한 해서파관을 평한다(評新編歷史劇「海瑞罷官)』 문장이 완성되

었고 이 문장은 9번의 수정을 거쳐 1965년 11월 10일 요문원의 이름으로 『문회보』에 발표된다.

이 글에서 요문원은 오함의 『해서파관』 대본은 팽덕회 사건 등과 관계가 있다고 주장한다. 다시 말하면 요문원은 이 글이 대약진 운동을 비판하는 편지를 모에게 보냈다가 1959년 여산회의 때 비판당하고 파면된 팽덕회가 비판을 받은 후에 1962년 11월 9일 다시 편지를 써서 자신의 주장을 되풀이 하였는데 바로 이 사건 등과 연계해서 『해서파관』 대본이 써졌다고 주장한다. 그리고 오함이 이 글을 빌려 사회주의혁명을 반대하는 팽덕회를 明 때 직언을 하여 파직당한 해서로 빗대어 글을 작성했다고 주장하였다.

그러나 『해서파관』이 완성된 시기는 1960년 11월이고 '번안풍'이 일어난 시기는 1962년이므로 시간적으로 '번안풍' 이전에 경극 대본이 쓰였으므로 이치상으로 맞지 않는다.

요문원 문장이 발표된 이후 이해할 수 없는 일들이 벌어진다. 당시 상해에 있던 모는 이 글을 소책자로 만들어 전국에 발행토록 하였다. 이 대목은 모택동의 인간 됨됨이를 엿볼 수 있는 내용이다. 오함의 글들은 사실 모택동의 지시에 의해 만들어진 것이다. 이 글들은 모 자신이 지시하고 원해서 만든 작품인데 오히려 물론 강청에서부터 문제 제기가 되었지만 그것을 이용하여 자신이 원하는 것을 이루는 몰염치한 사람이 바로 모의 본래 모습인 것이다.

모는 1965년 12월 정식으로 이 사건에 대해 문제를 제기한다. "『해서파관』의 중요 문제는 파관 문제이다. 가정황제가 해서의 관을 파했는데 우리는 1959년 팽덕회를 파면했다. 그러면 팽은 바로 해서가 되는 것이고 가정황제는 내가 되는 것이 아니냐?」[27]라면서 『해서파관』 극본 문제를 정치쟁점화하였다.

이로써 이 사건이 도화선이 되어 학술계와 문예계 등 모든 영역으로 비판운동이 번지게 되었으며 언론에는 연이어 오함 등을 비판하는 글이 실리며 드디어 문혁의 발동으로 이어지게 된다.

1966년 3월에 모택동은 당시 중국 사회의 현황에 대해 자신의 분명한 입장을 밝힌다. 즉 현재 학술계와 교육계는 자산계급 지식분자가 실권을 장악하고 있으며 사회주의 혁명이 깊이 들어갈수록 그들은 더욱 반항한다고 하였다. 그리고 오함과 전백찬 등에 대해 그들은 공산당원이지만 반공을 하니 실제로 그들은 국민당이라고 규정짓는다.[28] 이로부터 문예계와 학술 영역의 정치비평이 정도를 넘어서 정치투쟁의 양상을 띠게 된다.

27) 주화호 외 2인 편찬, 앞의 책, 346쪽.
28) 나평한, 『문혁전야의 중국』, 북경: 인민출판사, 2007, 262쪽.

제4장

비정한 모택동과 오함 그리고 유소기

앞서서 인간과 인간 사이의 신의를 길가에 뒹구는 돌멩이처럼 차버리는 비인간적인 모의 일면을 사신을 모에게 보냈다가 돌이킬 수 없는 아픔과 시련을 겪은 팽덕회와 오함의 『해서파관』 사건의 실례에서 살펴보았다.

자신의 지시에 의해 만들어진 작품을 이용하여 자신이 원하는 것을 이루려는 그의 모습을 보면 그에게서 진실된 모습을 찾아보기는 어렵다. 자신에게 문제가 생길 때마다 모든 것을 계급투쟁을 빌려 해결하려고 했고 자신의 의견과 조금이라도 맞지 않는 사람은 모두 사회주의를 반대하는 계급투쟁의 대상으로 삼아 자신의 정치적 입지를 굳건하게 유지하였던 사람이 바로 모택동이라는 인물이다. 이러한 사실은 정치과정에서의 단순한 과오가 아니고 다분히 정치 성향을 띤 비열한 행위이며 이는 그의 정치역정을 통해서도 쉽게 살펴볼 수 있다.

1956년 개최된 중국공산당 제8차 전국대표대회 정치보고서에서 유소기는 "우리 국내의 주요 모순은 이미 선진적 공업화를 이루어야 한다는 요구와 낙후한 농업국 현실 사이의 모순 문제이다. 또한 인민들의 경제 문화의 신속한 발전에 대한 필요와 현재 경제 문화는 인민들의 필요를 만족시켜줄 수 없다는 상황 사이의 모순이다.

우리나라에 사회주의제도가 실시된 상황하에 이러한 모순은 선진
적 사회주의제도와 낙후된 생산력 간의 모순인 것이다."고 말한 적
이 있다.[29]

보고서의 내용을 분석해 보면 즉, 현재 중국의 경제 문화 등의
상황은 인민들의 물질생활을 만족시키지 못하고 있으니 시급히 경
제 문화의 신속한 발전을 통하여 선진적 공업화를 이루어야 하며
나아가서는 선진적 사회주의제도를 이루어야 한다는 것으로서 내
용 자체는 지극히 순수한 우국의 마음에서 나온 보고서일 뿐이다.
그러나 문혁 기간 중 모택동은 중국공산당 제8차 전국대표대회 정
치보고서를 유소기가 모를 등지고 몰래 작성했다고 주장하며 유소
기를 모함하였다.

이 주장은 사실이 아니다. 이 보고서는 유소기와 모택동이 공동
으로 진지하게 수차례 연구를 하였으며 모의 의견에 따라 수정도
하였던 글이었다. 그리고 모는 원고 첫 페이지에 『중국공산당 중앙
위위원회의 제8차 전국대표대회에서의 정치보고』라는 제목을 달고
밑 부분에 유소기라고 이름을 적어 놓았으며 또한 모가 친히 수정
을 통하여 그 관점에 동의하고 찬성하여 제출된 보고서였다.

이 사건은 정치투쟁이었으며 이어서 벌어지는 문혁의 도화선이
된 오함 사건 등은 계급투쟁의 이름을 빌려 정치적 숙청을 단행한
전형적인 실례이다. 이하 오함, 유소기 등에 대한 정치숙청의 내막
을 소개한다.

---

29) 석선 · 김춘명 저, 『문화대혁명 간사』, 북경: 중공당사출판사, 1996, 4쪽.

1. 오함

吳晗(1909 - 1969)은 절강성 출신이며 본명은 오춘함, 1934년 청화대학 사학과 졸업 후 학교에 남았다가 후에 운남대학과 서남연합대학에서 교수를 역임하였다. 1949년 중공정권 탄생 후에는 북경시 부시장 등의 공직을 역임하였다. 후 1957년 중국공산당에 가입하였다. 1960년 11월 『해서파관』을 쓴 이후 1965년 혹독한 시련을 겪었으며 문혁 중에는 견딜 수 없는 시련을 겪은 후 1969년 10월 원한을 품은 채 한 많은 세상을 떠난다.

『해서파관』을 물고 늘어진 인물은 본래 강청으로 왜 그녀가 오함의 문장에 그리도 집착을 했는지 살펴보겠다. 원래 강청은 오함과 모르는 사이였는데 한번은 모택동이 오함을 초빙하여 개고기 파티를 하는데 강청도 배석하였다. 모는 역사에 박식하고 오함도 역사 전문가이니 둘은 의기투합하여 흥미롭게 역사 이야기를 주고받았다. 그런데 강청은 역사 이야기를 몰라 긴 시간 동안 한 마디도 얘기할 기회가 없었다고 한다. 그러다가 간만에 한 마디를 끼어들었는데 주책없이 오함은 그게 아니다, 그것은 틀린 말이라고 하였다 한다.

강청은 자신을 조금도 배려하지 않는 오함의 행위에 화가 머리 끝까지 났지만 모가 옆에 있어 아무 말도 못하고 복수할 날만 기다리고 있다가 『해서파관』 극본이 발표되자 이를 문제제기 한 것이라 한다. 물론 오함의 행위를 인간적인 측면에서 보면 자업자득인 측면도 있다. 결국 북경시 부시장이며 역사학자인 오함은 1966년 가을부터 비판받기 시작하였다.

15~16세 정도의 홍위병들에게 당시 57세인 오함은 온갖 조롱과 멸시를 받는다. 홍위병들은 모래를 지져서 목에다 넣고 혁대로 때리기도 하고 귀를 비틀기도 하며 생각할 수 있는 모든 방법을 동원하여 오함에게 고통을 주었다. 또 집으로 돌려보내 연금시켜 가족과 떨어져 있게 하였고 이때는 부인이 딸을 시켜 샤오빙(燒餠: 밀가루를 반죽하여 한쪽에 참깨를 뿌려 구운 밀전병)과 물, 담배를 몰래 공급했다고 한다.

결국 집에서 쫓겨난 오함 부부에게 홍위병들은 거리에서 청소를 시키면서 수시로 길가의 굵은 모래 위에 꿇어앉혀 무릎에서 피가 흐르게 하는 등 모욕을 주다가 1968년 3월 오함의 학생에게 반역자로 고발당하여 공안에 체포당한다. 1969년 10월 11일 오함은 억울함에 피를 토하고 죽는다.

부인 원진은 남편을 옹호하는 말을 했다가 노동개조대로 들어갔고 이곳에서 병이 악화되어 집으로 보내졌고 집에서도 병이 악화되어 병원에 보내졌으나 의사가 오함의 부인임을 알고 치료를 못해준다. 결국 부인 원진도 사망한다.

당시 15세 된 딸도 갑자기 닥친 재난에 충격을 받고 부모에 대한 그리움이 지나쳐 미친다. 얘기하길 나는 신문에서 아버지를 보았는데 사람들은 왜 아버지가 죽었다고 하냐? 또 사람만 보면 사람이 죽었는데 눈물을 흘릴 수 있느냐? 이는 어머니가 죽었을 때 얼굴에 남겨진 눈물 자국을 보고 가슴에 묻어 놓았다가 한 말이다. 결국 소언도 맹장염에 걸렸는데 수술을 못하게 하고 진통제와 수면제를 먹여 죽게 된다. 이같이 오함 일가는 한순간에 인간이 겪을

수 있는 가장 처참한 모습으로 생을 마치게 된다.[30]

강청과의 첫 만남에서 시작된 악연과 그리고 이어서 작성한 『해서파관』 극본은 그를 반역자, 반사회주의자의 오명을 쓰고 사랑하는 사람들과 영원히 이별하고 세상을 저주하며 생을 마감하게 하는 한이 서린 마지막 작품이 되게 하였다.

2. 유소기

유소기(1898 – 1969)는 호남성 녕향 사람이고 원명은 유위황이다. 일찍이 1921년 모스크바 동방노동대학에서 공부하였고 같은 해에 중국공산당에 가입하였다. 1922년 귀국 후에 공산당 활동을 하면서 이때부터 모택동과 생사고락을 같이하는 관계가 된다. 1959년에는 모택동과 공동으로 국가 주석 직을 맡게 된다. 이로써 유는 모와 함께 중국을 영도하는 공동 지도자가 되었고 정식 출판물에서도 유는 모와 병기되었고 유의 뒤를 이을 것이라는 사실은 모도 인정한 사실이었다.

---

30) 이영주 편, 『문화대혁명 중 명인의 죽음』, 북경: 중앙민족학원출판사, 1993, 181 – 196쪽.

::1966년 가을 중남해 집에 있는 유소기 가족의 모습

그러다가 모와 유가 원수 사이가 된 것은 1961년 이후부터이다. 1960년 대약진운동이 막을 내리고 1961년 모는 제8차 9중전회 회의에서 철저한 연구조사를 해야 한다는 의견을 제출한다. 이에 유는 고향인 호남으로 가서 처참한 상황을 목도한다. 굶주린 인민들은 산에서 산나물을 뜯고 노인과 아이들은 나무 아래서 나무 잎사귀를 줍고 대부분의 사람들은 얼굴이 부어 있는 상황을 목도한다.

북경으로 돌아온 유는 당의 정책을 비판하면서 "3할은 천재이고 7할은 인재이다(三分天災七分人禍)"는 결론을 내린다. 사실 여부를 떠나 유의 이러한 행동은 사실상 모택동 노선과 정면으로 배치되는 것이다. 모는 총노선(總路線)·대약진(大躍進)·인민공사로 대표되는 삼면홍기(三面紅旗)를 일관되게 사회주의 노선의 기준으로 여겨왔으며 삼면홍기는 사회주의를 건설하는 과정 중에 결과로 나타난 것이라고 확신을 갖고 있었다. 그래서 유가 공개적으로 대약진운동의 문제점을 비판하자 모는 유를 삼면홍기를 반대하는 우경 수정주의자로 몰고 혁명의 친구인 그를 숙청하게 되는 것이다.

그리고 1965년 초에 도시와 농촌의 사회주의 교육운동인 4청운동(四淸運動: 정치·경제·조직·사상)을 전개하였다. 본래 이 운동은 사회에서 일어나는 범법행위와 부정행위는 적절한 방법으로 해결해야 될 필요성에 의해 생겨난 운동인데 모는 이 운동을 계급투쟁의 수단으로 이용하게 된다.

모는 판단하길 현재 중국 사회는 심각한 계급투쟁이 일어나고 있고 전국적으로 3분의 1의 지도층이 반혁명 세력이므로 이 운동을 통해 계급투쟁을 할 것을 주장한다. 이로써 모든 문제를 계급투쟁의 고정된 시각으로 보니 이로부터 중국 사회는 심각한 혼란으로 빠져들게 된다.

이런 상황에서 유가 사청운동은 경제상에 적용해야 한다고 주장하며 또한 모든 문제를 계급 간의 모순으로 보아서는 안 된다고 주장한다. 게다가 1964년 중공중앙회의에서 유는 모택동이 발언하는 중 끼어들어 자신의 발언을 하였다고 한다.[31]

권력의 위기를 느낀 모는 당시의 집단지도체제의 상황하에서 권력 유지가 힘들다고 판단하고 해결방안을 모색 중에 군중을 동원하여 집단지도체제를 붕괴시킬 계획을 세운다. 그래서 이러한 문제를 해결할 수 있는 유일한 방법은 문혁의 발동뿐이라고 판단한다.

모의 행적을 보면 그가 권모술수에 아주 능함을 알 수 있다. 자

---

31) 이영주 편, 『문화대혁명 중 명인의 죽음』, 북경: 중앙민족학원출판사, 1993, 212－216쪽.

신이 필요할 때는 적도 자기편으로 끌어들여 이용하다가 필요 없을 때는 과감히 혁명동지이든 가족이든 버릴 수 있는 인물이 바로 모인 것이다.

1966년 5월 4일 – 26일 중앙정치국 확대회의가 모택동의 사전 안배와 유소기 주재하에 북경에서 개최된다.

마지막 날인 1966년 5월 16일에는 유소기 주재하에『중국공산당 중앙위원회통지(中國共産黨中央委員會通知)』가 발표되고 무산계급 문화대혁명이 정식으로 발동된다. 이어서 유와 등이 항주에서 요양 중이던 모택동을 찾아가 북경으로 돌아와 일을 처리할 것을 요구하자 모는 일처리를 위탁한다. 북경으로 돌아온 유와 등은 즉각 정치국상임위원회 확대회의를 소집하여 학교에 공작조를 파견하여 문화대혁명을 지도할 것을 결정하였다.

그러나 모는 7월 24일 중앙상임위원회와 중앙문혁소조를 소집하여 유와 등을 비판하고 운동에 방해가 되는 공작조를 철수할 것을 지시한다.

1966년 8월 1일 중공8차 11중전회에서 모택동은『대포로 사령부를 폭파해라(炮打司令部)』를 발표했고 유를 '자산계급사령(資産階級司令)'으로 몰아붙이고 당 서열도 제2위에서 제8위로 강등시킨다. 이어 12월 18일 '타도 유소기' 대자보가 길에 붙여진다.

부인 왕광미는 1967년 1월 6일 청화대에서 비판당하고 연금 상태에 들어갔다가 1967년 4월 10일에는 홍위병들에 의해 자신이 인도네시아를 방문할 때 신었던 옷과 스타킹, 하이힐 그리고 탁구공 목걸이를 쓰고 갖은 모욕과 폭력을 당한다.

::유소기 유해에 얼굴을 묻고 마음 아파하는 부인 왕광미

　사연인즉 왕광미가 1963년 4 - 5월 중 동남아 순방 전 강청을 예방했는데 강청이 목걸이를 하지 말 것을 지시했다. 그런데 TV 화면에 목걸이를 하고 아름다운 모습으로 파티에 참석하는 것을 보고 자신을 무시했다는 이유로 노발대발했다는 것이다. 이런 이유로 탁구공 모조목걸이를 만들어 복수를 했던 것이다.

　1967년 7월 18일 강청 지시에 의해 중남해 밖에서 수십만의 유소기 부부 비판대회가 열린다. 중남해 안에 있었던 유는 끌려나와 모 주석을 반대했다는 죄목으로 끝없는 폭력과 비판을 받는다. 그리고 부인은 앞건물, 아이들은 중간건물, 유는 뒷건물에 가둔다.

8월 5일 천안문에서 거대한 홍위병 그림을 향해 수없이 절하게 하는 등 수없는 비판과 폭력으로 유는 치아가 7개만 남았고 코는 파래지고 눈은 멍들고 신발은 사라져 양말만 걸치고 오른발은 부러져 걸을 수도 없었다.

결국 유는 주사바늘을 꽂을 만한 혈관도 찾을 수 없었으며 심신의 고통으로 뭘 잡으면 절대로 놓지 않아 간호사들이 빈 플라스틱 병을 손에 쥐어주었다. 결국 1969년 11월 12일 6시 45분 고통 속에서 운명을 달리한다. 전염병 환자로 변신한 유의 시신은 화장터에 도착하여 한 장의 유골보관증만을 남긴 채 역사무대에서 사라진다.

유골번호: 123

보관신청인 성명: 유원

현주소: ○○○○부대

사망인과의 관계: 부자

사망인 성명: 유위황

연령: 71

성별: 남

직업: 무직

사인: 병사

유는 1980년 2월 29일 平反되었고 5월 17일 애도대회가 북경인 민대회당에서 거행된다. 부인은 12년 옥살이를 하고 석방된다.[32]

철저한 공산주의자였던 유소기는 장래에 자신이 죽으면 엥겔스

---

32) 이영주 편, 위의 책, 217 - 228쪽.

처럼 뼛가루를 바다에 뿌려달라고 했다. 대해는 오대양과 이어져 있으니 죽어서라도 전 세계에서 공산주의가 실현되는 것을 볼 것이라고 유언을 한 적이 있다. 이러한 유지에 따라 1980년 5월 19일 산동성 청도 항구에서 일찍이 시찰한 적이 있는 101호 구축함에서 뼛가루 장례의식을 진행하였다.[33]

:: 유소기의 가족이 유해를 대해에 뿌리다.

33) 중국혁명박물관 편, 『기념유소기』, 북경: 문물출판사, 1989, 454쪽.

::중공 중앙 부주석 겸 국무원부총리 등소평이 대회에서 애도사를 낭독함.

제5장

문혁의 전면적 발동

1. 이월제강(二月提綱)

1958년 대약진운동이 시작되고 불과 몇 년 안에 중국경제는 심한 타격과 좌절을 겪는다. 이에 국가경제의 회복을 위해 1960년 11월에는 모택동의 특별 지시가 내려졌다. 이 지시에 의하여 주은래는 "인민공사의 잘못된 풍조는 농업생산력을 파괴했다. 인민공사가 가져간 개인의 재물은 1961년 봄까지 전부 반환하고 배상하라"는 긴급지시를 내린다.

이로써 인민공사는 수정 보완을 하였고 공공식당도 1961년 3월 취소됨으로써 대약진운동은 국가를 초토화시키고 인민에게 아픔만 남긴 채 중지 폐지된다. 국민경제의 회복을 위하여 1961년 1월부터는 8字방침(조정(調整), 공고(鞏固), 충실(充實), 제고(提高))이 시작되었고 이 방침은 1965년 말까지 지속적으로 실행된다.

이처럼 모는 대약진운동의 실패를 만회하기 위해 많은 방침을 제시하는데 그러나 당시의 토지소유제 형식과 경영방식, 분배방식으로 하여 농업생산력 증대는 힘들다는 판단하에 많은 지역에서 포산도호(包産到戶) 형식의 생산방식이 등장한다. 이러한 형식은

1962년 7월 전국에 5분의 1 이상 차지하게 된다.

이에 대해서는 유소기, 진운, 등자회, 등소평, 유백승 등도 이런 방식을 긍정하였다. 등소평은 "누런 고양이든 검정고양이든 관계없이 쥐만 잘 잡으면 된다"고 하였다. 즉 생산만 잘하면 토지경영방식은 어떤 형식이든 상관없다는 얘기다.

또한 1966년 2월 북경시 시장 팽진은 문화혁명 5인소조(1964년에 성립되었고 조장은 팽진이고 부조장은 육정일이고 조원은 강생, 주양, 오냉서임)를 소집한다. 이 회의에서 위원들은 『關于當前學術討論的匯報提綱』(2월제강)을 만들고 "학술비판은 실사구시정신으로 한다. 진리 앞에서는 모든 사람이 평등하다. 사람을 설복시킬 때는 이치로 설복시켜야지 군인처럼 무력으로 사람을 압도해서는 안 된다."고 선언한다.

이와 같은 선언의 목적은 학술은 학술문제로 해결하려고 해야지 이를 정치투쟁으로 확대시켜서는 안 된다는 것이다. 이 제강은 당시 호북성 무한에 있던 모에게 보고가 되었고 모든 당원에게 학술문제를 정치문제화해서는 안 된다는 내용으로 공문발송 처리되었다.

이 제강이 발표되자 모는 극도의 반감을 표시했다. 우선 1966년 3월 부인인 강청과 강생을 불러서 『2월제강』이 계급의 선을 혼돈시켰고 시비를 가리지 않는다고 질책하였고 팽진이 수장으로 있는 문화혁명 5인 소조 위원회 북경시 위원회와 중앙선전부를 좌파를 억누르고 혁명을 못하게 만드는 나쁜 사람들이라고 맹렬히 비난한다. 또 얘기하길 만약 팽진이 또 나쁜 사람을 옹호하면 문화혁명 5인 소조 북경시 위원회와 중앙선전부를 모두 해산시키겠다고 협박한다.

이 당시 모는 팽진에 대해 매우 반감을 가지고 있었다. 모는 팽진이 대표로 있는 중앙선전부는 염라대왕이 있는 궁전이라고 하면서 나는 염라대왕을 타도하기 위해 지방에 많은 손오공을 키울 것이고 이 손오공을 시켜 중앙선전부를 타도할 것이라고 하였다.

강청은 자신과 요문원, 장춘교와의 합작품인『새로 편찬한 역사극「해서파관」을 평한다(評新編歷史劇「海瑞罷官」)』발표 후에 자신의 의견에 동조하는 사람들은 많지 않고 전국의 여론은 오함 등에 동정적인 입장을 취하며 오히려 강청의 행동에 반대하는 의견도 적지 않게 되자 이에 강청은 이 기회를 틈타서 모에 동조하여 중앙군위부주석 겸 국방부장 임표와 손잡고 상해좌담회를 갖는다.

좌담회 결과『임표 동지가 강청 동지에게 위탁해 개최한 군부대의 문예공작에 관한 좌담회 기요(紀要: 요점기록)』를 작성해서 모에게 보고한다. 모는 이 기요(요점기록)를 3차례나 수정했고 임표는 중앙군사위원회의 이름으로 중앙의 비준을 거쳐 1966년 4월 10일 전당에 발송한다.

내용을 요약하면 다음과 같다. 그간에 문화 방면에 있어 진행되어 온 문예 사업은 반모사상과 반사회주의사상을 띠고 진행해왔으며 이를 철저히 제거해야 한다. 이 책임은 모두 문예계 지도자와 중앙의 일부 지도자의 책임이다. 문예계는 건국 이래 기본적으로 모 주석의 문예노선을 집행하지 않았다. 군대에 있어서의 문예사상도 문예작품에 있어서 반당 반사회주의적인 독초적인 요소가 있다. 따라서 이의 해결을 위해서는 험난하고 복잡하고 긴 시간의 투쟁을 필요로 하며 어쩌면 몇 백 년의 노력이 필요할지도 모르는 것이다.[34]

이 『기요』는 모에 의하여 3차례에 걸쳐 수정이 가해졌고 이 과정에서 모는 "현재 학술계와 교육계는 자산계급 지식인이 실권을 장악하여 수정주의를 하려 한다."고 하면서 학술계를 반사회주의사상을 가진 집단으로 매도한다.

이어서 이 『기요』는 강청을 통해 임표에게 전달되었고 천하의 아부왕 임표는 『기요』에다가 "강청은 우리 당내 여동지 중 많지 않은 걸출한 대표이다. 그녀가 많은 공헌을 하였는지 아는 사람은 많지 않다. 이번 문혁 중 그녀의 재능은 꽃을 피울 것이다."[35]고 덧붙인 후 중앙군위의 이름으로 중공중앙에 보내 동의를 얻어낸다.

1966년 4월 10일 중공중앙은 이 문건을 전당에 발송하게 되고 이후부터는 문혁을 진행하는 데 있어서 이 『기요』가 기본교과서가 되어 무수한 문예종사자가 아무런 이유도 모른 채 비판받고 고초를 겪는 결과를 낳게 된다.

이 내용을 분석하면 모는 문혁에 대해 강한 의지를 가지고 있음을 알 수 있다. 이후부터는 팽진의 세력과 강청 세력의 권력투쟁의 국면이 전개되고 이런 과정에서 『해서파관』과 『2월제강』의 문제는 소위 계급투쟁의 문제로 비화되었다.

특히 이 사건은 『2월제강』의 부정으로 이어져 이는 결국 공산당 중앙 내부까지 깊숙이 번지게 되어 문혁의 발동으로 이어졌으며 결과 공산당의 많은 지도자들이 권력투쟁의 소용돌이 속에 휘말려 들어갔고 숙청된다. 결국 중앙정치국 확대회의가 1966년 5월 4일 ─26일 북경에서 개최되는데 이 회의에서 당의 중심인물들이 많이

34) 주화호 외 2인 편찬, 앞의 책, 349쪽.
35) 주화호 외 2인 편찬, 앞의 책, 350쪽.

숙청된다.[36]

모택동은 문혁을 발동한 이유를 문예계를 비롯한 전당에 반당 반사회주의적인 독초적인 요소가 뿌리를 내리고 있으니 이러한 반사회주의사상을 철저히 제거해야 한다는 논리를 전개하고 있다. 그러나 중국 사회는 공산정권 탄생 이후에 이미 철저하게 소위 우파분자, 스파이, 반혁명세력, 지주와 자산계급을 부정한 결과 이때는 이미 무산계급이 권력을 독점한 상태이다.

문혁시기의 소위 반혁명세력들은 단지 정치행위의 이용거리로 희생되었다고 할 수 있으며 여기에 활용된 사람들이 학계에서는 어용 교수가 있고 문예계에서는 어용 예술가가 있으며 정치에 있어서는 어용 정치인이 있는 것이다. 어용이 되어야만 살아남을 수 있는 것이다. 이 시대에 진실은 있을 수 없었다.

이에 대해 모택동은 현실사회에서 무산계급의 이익을 대표하는 것만이 진실한 존재이며 생활조건에 근거하여 일정한 방향에서 계급의 이익을 위하여 활동을 진행할 수 있다고 하였다. 그러므로 역사학자들은 반드시 이러한 계급적 이익의 기초 위에서 진정한 존재의 실체에 영향을 미치거나 혹은 개조할 수 있는 역량과 원인을 추출해야 한다고 하였다.

따라서 역사학자가 사료를 해석하고 이론을 논술하는 데는 반드시 계급의 이익을 견지해야 한다고 하였다. 이 같은 철저한 무산계급전정의 원칙과 이에 근거한 정책적 실행에 의해 당시는 사회체

---

36) 이 대회에서 중국공산당 거물인 中共中央書記處 候補書記 兼 中央辦公廳主任 楊尚昆; 中共中央書記處書記兼國務院副總理兼中國人民解放軍總參謀長羅瑞卿; 中共中央書記處書記兼國務院副總理兼中宣部部長陸一; 中共中央政治局委員兼中央書記處書記兼北京市委第一書記兼北京市市長彭眞 등이 대거 숙청된다.

계가 자산계급이니 주자파니 이런 사람들이 있지도 않았으며 있을 수도 없는 사회였다. 이에 대해 당시 언론에 보도된 내용을 살펴보면 다음과 같다.

소위 우파분자의 경우 "전국의 각 성·시·자치구의 정부기관 및 민주당파의 조직은 중공중앙 국무원의 '확실히 우파분자를 개조하는 것을 처리하는 문제에 관한 결정'에 근거하여 최근 많은 이들에게 확실히 우파분자의 모자를 벗게 하였다.

각지에서 우파분자의 모자를 벗은 이들은 서주성, 심지원, 오지오, 연단기, 진자전, 육정청, 왕설도, 만복은, 심해유, 마품방, 왕해정, 안도강, 소선근, 임공상, 섭계방, 백시은, 이자상, 황헌장, 장설암, 이술례, 손전재, 묘복생, 하선주, 무백상, 섭희찰포, 왕탁여, 고각부, 채유경, 허현시, 유영업, 이급홍, 진시민 등 2만 6천여 명이다.

이러한 우파의 모자를 벗어버린 사람들은 모두 당과 인민정부가 자신들에 대해 관대하게 처리한 것에 대해 감격을 표시했다. 그들은 이후에는 반드시 계속해서 나로부터 자신을 개조할 것을 표시했다. 그리고 적극적으로 사회주의 건설에 참가하겠다고 했다. 그들은 위대한 사회주의 제도하에서 단지 진지하게 개조를 받아들일 때에만 자신의 밝은 미래가 있다는 것을 알게 되었다."[37]

소위 스파이의 경우 국민당 시대에 공무원이나 경찰, 교사 등을 했던 사람들은 모두 국민당 스파이로 규정하여 체포되어 엄한 법의 적용을 받게 된다. 예를 들면 "광주시 인민검찰원과 중급인민법원은 최근에 관대한 정책에 근거하여 장개석 집단이 파견한 스파이를 처리하였다. 3명의 스파이는 스스로 자백하여 형사처분이 정

---

37) 『인민일보』, 1960년 1월 4일.

지되었고 두 명의 스파이는 끝까지 인민을 적으로 여기어 즉시 사형을 집행하기로 하였고 다른 한 명은 사형에 처하기로 하였으나 2년간 집행유예이며 노동 개조 후 상황을 고려한다고 판결하였다."고 하였다.[38]

종교적 신념을 가진 이들은 대부분 반혁명세력으로 규정되었다. 예를 들면 천주교도였던 공품매 등 14명은 반혁명집단 안건에 연루되어 "상해시 중급인민법원에서 공개심판을 받고 무기징역이나 혹은 5년 이상의 형을 받았다."[39]

2. 문혁의 전면적 발동

문혁의 시작은 1966년 5월 중공중앙 정치국확대회의와 1966년 8월 중공 8차 11중전회의 개최 시기부터로 본다.

중앙정치국 확대회의는 1966년 5월 4일 - 26일 북경에서 개최되었으며 5월 16일에는 『중국공산당 중앙위원회통지』가 발표되고 이로써 문화대혁명이 정식으로 발동된다. 즉 통지문에서는 『2월제강』의 취소를 선언하는 동시에 10대 죄목을 나열하고 동시에 팽진 중심의 문혁 5인 소조를 해체하고 이 기구를 중앙정치국 상임위원회에 소속시킨다.

따라서 이 시기부터 문혁 5인 소조는 문혁의 지휘본부격의 역할

---

38) 『인민일보』, 1960년 1월 13일.
39) 『인민일보』, 1960년 3월 18일.

을 하게 된다. 새로 조직된 구성원은 조장이 진백달, 고문은 강생, 부조장은 강청과 장춘교, 조원은 왕력, 관봉, 척본우, 요문원으로 구성하였다.

5월 18일 임표는 정치국확대회의에서 북경대 철학과 섭원신 등 7인이 5월 25일 북경대당위와 중공북경시위를 비난하는 대자보를 붙인다.

5월 31일에는 모의 지시에 의해 진백달 등이 『인민일보』를 접수하여 관리한다.

6월 1일에는 『인민일보』에 『일체의 소귀신과 뱀귀신을 쓸어버린다(橫掃一切牛鬼蛇神)』의 사설이 발표되어 인민은 일어나서 문혁을 진행하라고 선동한다.

그리고 이날 밤에는 역시 모의 지시에 의해 중앙인민방송국은 북경대 철학과 섭원신 등 7인이 5월 25일 북경대 당위와 중공북경시위를 비난하는 대자보를 붙인 사실과 내용을 발표한다.

6월 6일에는 인민일보에 구사상을 개조하자는 취지의 아래와 같은 선동적인 글귀가 실린다. "수천 년 동안에 착취계급이 인민에게 해독을 주었던 구사상, 구문화, 구풍속, 구습관을 철저하게 제거하고 인민군중 속에서 참신한 무산계급의 신사상, 신문화, 신풍속과 신습관을 창조해야 한다."(『인민일보』, 1966년 6월 6일)

결국 중공중앙은 북경시위를 재편성하고 새로 편성된 북경시위는 북경대당위를 재편성한다.

이러한 분위기 속에서 전국적으로 造反(반대를 조성하는 것)운동이 일어난다. 이후부터 대학에는 대자보가 벽을 뒤덮었고 학교의 당 조직 교수, 교직원들은 학생들로부터 공격을 당하여 학교는 마비된다.

유와 등이 학교에 공작조를 파견하여 문화대혁명을 지도하였는데 모는 7월 24일 중앙상임위원회와 중앙문혁소조를 소집하여 유와 등을 비판하고 운동에 방해가 되는 공작조를 철수할 것을 지시한다.

이후 학교는 행정과 당의 지도자가 없는 무정부상태로 들어간다. 1966년 8월 8일『중국공산당 중앙위원회 문화대혁명에 관한 결정』(간칭 16條)이 통과되어 문혁의 법적 근거가 마련되었고 운동을 할 때의 구체적인 방법 등이 제시된다. 이하 16조에 나타난 운동의 구체적 방침은 다음과 같다.

대변론을 충분히 이용한다. 대명대방(크게 소리 내고 소리 지른다) 군중 스스로 자신을 해방하고 자신을 교육하도록 한다. 감히 선봉에 선다. 감히 난이 일어날까 두려워하지 않는다(무슨 일을 해서 일이 난장판이 될까 두려워하지 않는다). 혁명을 하면서 우아하게 얌전히 온순히 공정히 검소하게 양보하면서 할 수는 없다.[40]

문화 세력의 대소는 정치 실력의 강약의 대소와 정비례하는 것은 아니다. 정치적으로 세력이 강대한 자가 문화적으로 반드시 승자는 아니다. 예를 들어 중국의 소수민족이 여러 번 중원을 정복하고 한의 왕조를 전복시켜 비록 군사적, 정치적인 면에 있어서는 매우 강하나 문화적인 면에 있어서는 한족에게 동화되어 오히려 전패자의 포로가 되는 결과를 초래하였다. 사실 이러한 역사적 현실이 바로 정치의 문화에 대한 제재를 설명해 주는 것이다.

소수민족이 중원을 정복할 때는 선진적인 문화에 힘입은 것이 아니라 강대한 폭력과 한 왕조 통치자들의 정치 면에 있어서의 부

---

40) 주화호 외 2인 편찬, 앞의 책, 358쪽.

패, 우매함을 이용했다. 전쟁의 승패는 군사(정치)력에 의해서 결정되는 것이지 문화가 아니라는 것은 역사적 사실인 것이다.

이것은 문화의 특징이며, 역사 발전의 필연적인 추세이기도 하다. 소수민족이 중원을 통치하는 과정은 바로 한족의 선진문화를 흡수해서 경제 발전을 가져왔고 정권도 따라서 공고해졌다.

역사연구에 있어서 물론 문화를 역사발전을 결정하는 요소인 유심역사관을 반대하고, 동시에 문화가 또 사회발전 속에 중대한 작용에 대해 무시하는 기계유물론과 형이상학을 반대한다. 왜냐하면 경제, 정치, 문화 삼자가 인류사회를 구성하는 세 개의 요소이기 때문이다. 어떤 나라도 경제구조, 정치체제, 문화전통이 있으며 삼자 중 어떤 것도 없어서는 안 된다.[41]

모택동이 발동하고 모택동의 지시에 의해 작동된 10년간의 대동란 문화대혁명에 대한 견해는 다양하다. 대체적으로 권력투쟁설과 노선투쟁설이 많이 얘기되며 혹은 농민들의 이상적인 유토피아로 만들겠다는 이념이라고 하기도 한다.

이외에 왕희철은 "모택동은 무산계급 전제정치의 이름 아래 황제제도를 부활하였다."고 하였다.[42]

위경생은 "무산계급의 전제정치란 스탈린 방식의 독재의 변종이며 중국식 사회주의 독재였다."고 하였다.[43]

정학가는 "소수 관료가 권력을 독점하는 자산계급의 전제정치였다."[44]고 하였다.

---

41) 대지현, 앞의 책, 26 - 31쪽.
42) 왕희철, 「모택동과 문화대혁명」, 『공산문제연구(6)』, 대만: 국방부 총정치작전부, 1981년, 권중달, 문명숙 편역, 앞의 책에서 전재함.
43) 위경생, 『계시록』, 대만: 연아 출판사, 1981년, 권중달, 문명숙 편역, 위의 책에서 전재함.

료개융은 "좌경적 공상사회주의 혹은 절대평등주의의 농민공산주의는 비과학적이고 공상적이며 농민평등주의의 편견이었다."[45]고 하였다.

60년대 후기 중국에서 발생한 문화대혁명은 "역사사변"이다. "문화대혁명"의 발생은 정치적 원인뿐만 아니라 깊은 문화사상적인 원인도 있다. 예를 들면 다음과 같다.

1. 모의 계급투쟁 이론에 있어서의 심각한 착오.

2. 모의 정치포부와 사회이상: 점차적으로 사회의 분업이 사라지고 상품 경제를 소멸시킴으로써 평균주의가 특징인 사회주의를 건립하는 것.

3. 8억 인민이 지도자에 대한 개인숭배와 개인 독단 풍토의 악성 발전은 결국 지도자의 의지와 그 영향하에 있는 정책결정자들의 의지와 수억 인의 의지는 모두 모의 지시에 따라 했다.

4. 이 무수인의 의지는 결국 하나의 거대한 힘이 되어 역사사변의 재난을 초래하기에 충분했다.

5. 물론 이런 문화사상은 사회발전을 촉진시킨 것이 아니라 사회발전에 저해요인이 되었다.[46]

이로써 문화 사상 부문에서부터 시작된 문화대혁명은 이 부문에서의 완전한 개조를 통한 무산계급인민들의 확고한 입지를 확보하기 위해 가혹할 정도로 매정하게 10년간 진행된다.

---

44) 정학가, 『문혁에서 11대에 이르기까지』, 대만 : 여명문화사업 고분유한공사, 1978년, 335쪽, 권중달, 문명숙 편역, 앞의 책에서 전재함.

45) 료개융, 「역사의 경험과 우리발전의 진로」, 『비정월보』 24권 3기, 대만 : 정치대학 국제관계 연구소, 1981년, 104쪽, 권중달, 문명숙 편역, 앞의 책에서 전재함.

46) 대지현, 앞의 책, 32쪽.

제6장

내란의 시기

1. 홍위병

모택동이 발동한 문혁의 주역을 꼽으라면 홍위병을 들 수 있다. 홍위병(紅衛兵: 홍색의 위병의 뜻으로 모택동의 홍색 위병의 뜻임)은 문혁 기간 중 중고등학생과 대학생들이 만든 조직이다. 1966년 5월경부터 전국의 정치형세는 학교와 사회상에 나타나는 각종 현상을 계급투쟁의 시각으로 보는 현상이 벌어진다. 질풍노도의 시기인 청소년들은 무분별하게 이런 관점을 받아들여 문혁의 주인공으로 역사무대에 등장하게 된다.

이들 청소년들이 어린 나이에 정치무대에 서게 된 것은 학술문제를 계급 간의 정치투쟁으로 본격화시키는 계기가 된 1966년 『5.16통지』와 그리고 자산계급 지식인들이 다시는 우리 학교를 통치하는 현상을 묵과할 수 없다는 1966년 『5.7지시』[47)]가 큰 역할을 하게 된다.

이 지시는 1966년 5월 7일 모가 임표에게 한통의 편지를 보내는

---

47) 1966년 5월 7일 모택동은 임표가 보내온 중국인민해방군 총 후근부의 『군부대는 농업을 부업생산으로 해야 한다는 보고서』를 열람하고 심사한 후에 이묘에게 한통의 편지를 보낸다. 이것이 바로 모택동이 꿈꾸는 사회주의사상을 엿볼 수 있는 『5.7지시』이다.

데서 유래한다. 이 편지에서 모는 군대에 대해 "인민해방군은 마땅히 학교가 되어야 한다. 해방군은 전쟁을 하는 것 외에 각종의 일을 해야 한다. 대학교는 정치와 군사와 문화를 배워야 하며 또 농업생산과 중소 공장을 만들어 자신들이 필요한 물건은 자신들이 생산해 내야 한다. 또 나아가서는 군중운동과 농촌의 사회주의 교육운동을 해야 되며 이것이 끝나면 자산계급을 비판하는 문화혁명 투쟁에 참가해야 한다."고 지시하였다.

노동자에 대해서는 "노동을 주로 삼되 더불어 군사·정치·문화도 겸해서 배워야 하며 또한 사회주의 교육운동과 자산계급비판운동을 해야 한다. 그리고 조건이 맞으면 농업관련 부업생산에도 종사해야 한다. 농민에 대해서는 농사를 주로 삼되 군사·정치·문화도 겸해서 배워야 하며 또한 조건이 맞으면 작은 공장이나 자산계급 비판운동을 해야 한다. 학생의 경우도 마찬가지다. 배움을 주로 하되 학문을 배울 뿐만 아니라 노동과 농업 군사를 배워야 하고 그리고 자산계급을 비판해야 한다. 학제는 단축해야 하며 교육은 혁명을 해야 하며 자산계급 지식인들이 우리들 학교를 통치하는 현상이 계속 지속되게 해서는 안 된다."[48]고 하였다.

이 『5.7지시』는 결과적으로 문혁 기간 중 많은 오점을 남겼지만 모택동이 중국혁명을 성공한 후에 중국 사회에 어떠한 형태의 사회주의 국가를 만들기를 원하는지를 알 수 있는 내용이다. 그가 생각하는 이상적인 국가의 전형을 알 수 있는 내용이다.

『5.16통지』와 『5.7지시』가 발표되고 이어서 이 소식을 접한 학생들은 강한 반응을 보인다. 그중에서도 비교적 정치성향이 강한

---

48) 주화호 외 2인 편찬, 앞의 책, 362쪽.

간부 자녀들이 움직임을 보였고 초기에는 이들을 중심으로 홍위병이 조직되기 시작한다.

가장 먼저 조직된 것은 청화대학 부속중학교로서 이 학교 학생들은 1966년 5월 29일 밤 십여 명이 원명원 유지에 모여 소련에서 조직되었던 "청년 근위근"을 모방하여 "홍위병"을 조직한다. 이 명칭은 이들이 서로 논의를 거쳐 결정한 것으로서 그 뜻은 당과 모주석을 보위한다는 의미이다.

6월 1일에는 청화부중학생들이 공개적으로 100여 명이 서명한 홍위병 대자보를 붙인다. 이것이 바로 정식으로 공포된 첫 번째 홍위병 조직이다. 이후부터 빠른 속도로 홍위병 조직이 전국적으로 만들어진다.

그리고 7월 28일 모에게 편지와 더불어 "조반유리(造反有理: 반대하는 것에는 이치가 있다.)"와 "월반월호(越反越好: 반대하면 할수록 더 좋다.)"의 주제로 써진 2장의 대자보를 보낸다. 이에 대해 8월 1일 모는 이들을 열렬히 지지하는 편지를 보낸다.

8월 18일에 모는 군복을 입고 홍위병 완장을 차고 천안문에서 전국 중고대학교에서 온 홍위병을 접견한다. 이후 홍위병 운동은 광풍처럼 전국으로 번진다.

8월 20일부터는 북경 홍위병들이 거리에서 대자보를 붙이고 전단을 뿌리고 연설을 하면서 파사구(破四舊: 구사상, 구문화, 구풍습, 구습관을 타파하자) 운동을 전개한다. 이성을 잃어버린 이들 어린 학생들은 자신들의 본분을 벗어나 혁명가의 자세로 대포를 당과 정부기관에 쏘고 학교를 불태우고 승려를 환속시키는 행위를 서슴지 않았다. 이 와중에 귀중한 고서, 고문서, 보물과 유적들이

하루아침에 파괴된다.

8월 18일에서 11월 26일 사이에 모는 8번에 걸쳐 총 1,100여 만명의 홍위병을 접견한다. 이 때문에 전국의 학교는 휴교되고 교통은 마비되고 정상적인 활동이 힘들고 온 사회는 혼란에 빠진다. 심각한 국가위기상황에서 당시 지도자들은 문제제기를 하고 저항을 하였으나 모는 1966년 10월 유소기를 반혁명분자이며 자산계급반동노선을 갖고 있는 사람이라고 비판함으로써 이 여파로 전국의 당정기관 지도자들은 이유 없이 많은 이들을 문혁을 반대하는 반동분자로 몰아 비판받고 탄압받았다.

홍위병 조직은 1966년 말에서 1968년 8월에 이르기까지 전국적으로 극도의 정치성과 권력투쟁의 양상을 띠며 중국 사회를 혼란 속으로 빠뜨린다. 이러자 모택동 자신도 더 이상 홍위병 운동이 지속되기가 힘들다고 판단하여 1968년 12월 명령을 내린다. "지식청년은 농촌으로 가서 빈하중농(貧下中農)의 재교육을 받아라. 이것은 매우 필요한 것이다."

그리고 1968년 12월 『인민일보』는 "우리는 두 손이 있는데 왜 도시에서 놀면서 밥을 먹느냐!"라는 문장을 발표한다. 내용은 다음과 같다. "감숙성 회녕현의 일부 노동을 하지 않았던 지식청년과 주민들은 분분히 농촌으로 갔다. 이들이 농촌으로 가서 재교육을 받는 것은 반드시 필요한 일이다. 따라서 반드시 지역의 간부와 가타 사람들을 설득하여 중학교 고등학교에 다니고 대학을 졸업한 자신의 자녀들을 시골로 보내야 한다."[49]

이 같은 모택동의 지시와 국가정책에 의하여 중고대학생들은 상

---

49) 인민일보, 1968년 12월 22일.

산하향(上山下鄕)하여 농촌에서 농업 등의 생산 활동에 종사하며 생활을 하게 된다. 상산 하향한 지식청년들은 대부분 노동에 종사하면서 농민들과 같이 생활하였다. 그 인원만도 1978년에 1,623만 명에 달하였다.

지식청년들의 상산하향은 이러했다.

첫째, 청년학생들에 대한 의식 방면의 혁명이며 이러한 취지하에 모택동의 부름이 있자 운동의 열풍이 전국을 휩쓸게 된다.

둘째, 유소기와 임표 등이 고취한 "공부해서 관리가 되자", "고향을 갈 때는 금으로 휘감고 가자" 등의 잘못된 논리와 "마음을 쓰는 사람은 사람을 다스린다", "힘을 쓰는 사람은 사람한테 부려진다", "오직 지혜가 위에 있고 우매함이 아래에 있다" 등의 공맹의 도를 비판하였다.

이처럼 소위 자본주의 경향을 반대한다는 이름으로 청년학생들은 시골로 내려가 노동을 통해 몸을 단련하고 "혁명을 실천하면서 수천 년 동안 농촌을 무시하고 농민을 무시하는 전통적인 관념을 타파하였다."[50]

이러한 이론에 의해 이해할 수 없는 일이 벌어진다. 중학교 2학년을 수료하고 자칭 계급투쟁이론을 말할 수 있다는 중년의 생산대장이 있었다. 그가 지주와 부농을 동원해서 개인적인 일을 시키자 상산하향(上山下鄕)했던 지식청년이 '이것은 착취행위 아닙니까?'라고 물었다. 그랬더니 이 중년의 생산대장은 오히려 의아해 하며 "국가라는 것은 한 계급이 다른 한 계급을 억압하는 것인데 과거에는 지주와 부농들이 우리를 억압했으니 지금 우리가 그들을 억압하고

---

50) 광명일보, 1968년 12월 22일.

착취하는 것은 당연한 일이 아니냐?"고 하면서 "자네와 같은 지식인들은 정치학습이 부족해 계급투쟁의 요령을 깨닫지 못하니 모주석께서 자네들을 농촌에 내려와 우리들에게 재교육을 받으라고 하신 것일세."라고 하였다.[51]

문혁시기에 시행된 지식청년들의 상산하향은 문화대혁명이 발동된 후에 정책적 필요에 의해 생겨난 정치운동의 산물이다. 이 시기에는 수많은 지식인들과 당 간부들이 농촌과 변경지역으로 보내져 노동을 통한 생산 활동과 경제 활동에 종사하면서 노동을 통한 사상적 재교육을 받게 된다.

이 결과 당 간부들은 농촌에 대한 실질적 이해를 할 수 있었고 지식인들도 육체적 노동을 통한 노동자 농민들의 삶을 몸으로 체험할 수 있었다.

그러나 학교에서 정규교육을 받을 기회를 놓친 청년학생들은 무식하고 시대에 뒤떨어진 낙후한 청년으로 자라나게 되어 인재성장의 단층이 형성되니 중국 사회는 이후 심각한 사회적 문제를 맞이하게 된다.

간부와 전문가의 경우도 노동을 통한 신체단련과 농민들의 이해에 도움이 되었으나 실제로는 그 분야의 전문가로서 국가와 사회를 위해 본인이 해야 할 일을 못하게 되니 중국사회의 낙후성은 심화될 뿐이었다.

1947년 하북성 당현에서 출생한 이동민은 홍위병 운동이 시작되자 단지 모택동에 대한 열망과 공산주의에 대한 순진한 믿음으로 헌신적으로 활동하여 당시 북경의 홍위병조직의 양대 산맥 중의

---

51) 조기정 편저, 『중국문화대혁명의 이해』, 전남대출판부, 170쪽.

하나인 사사파의 우두머리가 되었다. 그리고 홍위병의 대표로 모택동을 접견하는 기회를 얻었다.

이 자리에서 모는 어린 이동민에게 "군중의 지도자"라고 치켜세우면서 "너의 병사가 나의 병사보다 많다"고 얘기하였다 한다. 강청도 역시 1966년 인민대회당에서 그를 열정적으로 맞아주면서 "이전에 너를 본 적이 있다. 너는 누구의 아이냐"고 물었다. 이때 그는 "아닙니다. 당신은 이전에 저를 본 적이 없습니다. 왜냐하면 이전에 저는 당신을 본 적이 없기 때문입니다."고 재치 있게 답변을 하여 강청 등을 웃겼다고 한다.

이후 이동민은 중공정권 탄생 이후 처음으로 20세의 어린 나이에 고급간부(중공 북경시위 상위)로 활동하였다고 한다.[52]

이 지식청년들의 상산하향운동이 시작되면서 홍위병 운동은 막을 내리기 시작한다. 단지 순수한 공산주의에 대한 열정만 가지고 있는 어린 학생들에게 홍위병을 할 것을 종용하고 부추기며 정상적인 성장과 발전을 하지 못하도록 한 이해 못할 정치적 행위들은 반드시 규명해야 할 큰 문제이다.

어린아이들에 불과한 이들을 정치적으로 이용하였을 뿐만 아니라 상산하향운동이 시작되면서부터는 가정에서 부모의 보살핌을 받으면서 학교를 다녀야 할 나이에 의식주와 의료 등 문제에 있어 아무런 보장도 없이 농촌에서의 노동과 학습을 강요받기에 이른다. 철저하게 이용당한 아이들은 오지로 보내져 또다시 노동운동에 종사하며 희생을 강요받기에 이른다.

---

52) 주소봉 편저, 『1978대기억 – 북경의사고와개변』, 북경: 중앙편역출판사, 2008년, 216쪽.

2. 내란으로 들어가다

1967년 문혁은 전면적인 내전단계로 접어든다. 1월에는 왕홍문, 장춘교, 요문원이 상해시의 당정대권을 찬탈하고 상해시 혁명위원회를 구성한 사건이 벌어졌다. 이 사건이 일어나자 모택동은 적극적으로 지지의사를 보내고 그들의 행동을 찬양한다. 절대 권력자인 모택동의 의사가 알려지자 이때부터 중앙과 지방의 당정 기관 및 모든 국가기관에 전면적인 탈권의 폭풍이 휘몰아친다.

이 같은 국가위기 상황에서 1967년 2월 중앙정치국상무위원인 담진림, 진의, 섭검영, 이부춘, 이선념, 서향전, 섭영진 등과 등소평이 문혁의 문제와 4인방을 비난한다. 이에 대해 모는 자산계급의 복벽역류라고 하여 비판하였고 문혁소조는 이들에 대한 대대적인 공격을 가한다. 이후부터는 문혁소조가 중앙정치국의 기능을 하게 된다.

그러나 문제가 심각한 것이 국가의 원로 지도자들이 비판을 받으니 국가는 제대로 정상적인 기능을 할 수 없었고 이러한 심각한 상황이 발생하리라고는 모조차도 예측하지 못한 상황이었다.

이로부터 중국 사회는 교통은 마비되고 문화유적은 심각한 파괴를 당했으며 국가경제는 정지 상태에 처하게 된다. 위기의식을 느낀 모는 1967년 화북, 화동, 중남 등을 시찰하면서 절대다수의 사람은 좋은 사람이다. 나쁜 사람은 극소수이니 우리는 이들을 교육시키는 데 치중해야 한다고 발언한다.

하지만 1968년 10월 모 주지 하에 북경서 중공8차 확대12중 전회가 열렸는데 이 회의에서 강청 등이 작성한 『반역자 · 스파이 ·

노동자의 賊인 유소기의 죄에 관한 심사보고』를 통과시켜 유소기의 당적과 직책을 영원히 박탈하는 결의안이 채택된다.

문화대혁명 시기의 무산계급의 권위 있는 권력기구인 혁명위원회는 1967년 1월 31일 흑룡강성의 "홍색조반자 혁명위원회(紅色造反者 革命委員會)"를 시작으로 하여 1968년 9월 5일 티베트와 신강의 혁명위원회가 만들어졌으며 이어서 전국의 성과 시와 자치구에서 혁명위원회가 만들어진다. 이 위원회는 사실상 문혁 기간 중 국가의 중요한 권력기관으로서 강력한 권력을 가지고 비정상적인 권력을 행사하였으며 그 결과 헤아릴 수 없는 많은 문제를 야기시켰다.

이 위원회들은 1979년 7월 1일 많은 문제를 낳고 폐지되었으며 그들이 가진 권력은 본래의 정권기구로 돌아갔다.

당시 각 성과 시, 그리고 자치구에 설치된 혁명위원회 성립 시기와 주요 책임자를 도표로 보면 다음과 같다.[53]

---

53) 주화호 외 2인 편찬, 앞의 책. 414－416쪽.

성·시·자치구	혁명위원회 주요 책임자	혁명위원회 성립 시기
흑룡강성	번복생	1967. 1. 31
산동성	왕효우	1967. 2. 3
상해시	장춘교, 요문원	1967년 2월 5일 성립한 상해인민공사는 23일 상해혁명위원회로 개명한다.
귀주성	이재함	1967. 2. 13
산서성	유 낙풍	1967. 3. 18
북경시	사부치	1967. 4. 20
청해성	유현권	1967. 8. 12
내몽고 자치구	등해청	1967. 11. 1
천진시	해학공	1967. 12. 6
강서성	정세청	1968. 1. 5
감숙성	세항한	1968. 1. 24
하남성	유건훈	1968. 1. 27
하북성	이설봉	1968. 2. 3
호북성	증사옥	1968. 2. 5
광동성	황영승	1968. 2. 21
길림성	왕회상	1968. 3. 6
강소성	허세우	1968. 3. 23
절강성	남평	1968. 3. 24
호남성	여원	1968. 4. 8
영하회족자치구	강건민	1968. 4. 10
안휘성	이덕생	1968. 4. 18
섬서성	이서산	1968. 5. 1
요녕성	진석련	1968. 5. 10
사천성	장국화	1968. 5. 31
운남성	담보인	1968. 8. 13
복건성	한선초	1968. 8. 19
광서장족자치구	위국청	1968. 8. 26
서장자치구	증용아	1968. 8. 5
신강유오이자치구	용서금	1968. 9. 5

강력한 권력을 가진 혁명위원회는 문혁 기간 중 비정상적으로 권력을 이용하여 이해할 수 없는 많은 문제를 야기시켰다. 이제는 더 이상 진리를 얘기할 수 없었으며 잘못한 점이 있어도 문제 제기를 할 수 없었으며 아픔이 있어도 슬픔이 있어도 솔직한 자신의 감정을 표현할 수 없었으며, 사람과 사람 사이의 관계는 서로 믿지 못하고 불신하며 의심하는 관계로 변하였다.

혁명위원회가 전국적으로 설립된 후에 문화대혁명의 열기는 식을 줄 모르고 불타오르며 사람들이 숨 쉴 수 없을 정도로 숨통을 조이게 된다.

3. 장지신 사건

이 시기 일어난 장지신 사건을 통해 당시 사회의 모습을 엿볼 수 있다. 장지신은 천진 출신의 여성(1930년생)으로 1955년 중국공산당에 가입한다.

그녀는 문혁이 시작된 이후에 열정을 가지고 문혁에 적극적으로 참여한다. 그러나 운동이 진행되는 과정에서 강청 등이 미친 듯이 잔혹하게 혁명 노간부들을 압박하는 것을 보고 마음속 깊이 당과 국가의 미래에 대한 불안감을 느낀다.

이때 주변 사람들이 "너는 무엇을 그렇게 우려하느냐?"고 묻자 그녀는 "지금 모 주석의 주변에는 믿을 만한 사람이 있는가?"라고 솔직히 말한 적이 있었다고 한다.

사건의 발단은 1968년 겨울 장지신 등이 "5.7간부학교"에서 교육을 받을 때이다. 그녀는 낮에는 차가운 바람을 맞으며 노동을 했고 어둠이 오면 흐릿한 기름등 아래서 반성을 요구받았다.

그러나 계속되는 비판대회에서 그녀는 조금의 굽힘도 없이 임표에 대해서는 "임표는 신뢰할 만한 사람이 아니다", 강청에 대해서는 "강청은 말할 때마다 이 반역자 혹은 저 스파이라고 말한다. 그러면 그녀 자신은 어떤 사람이냐?"며 자신의 관점을 얘기하였다.

국가권력의 위압적인 상황하에서도 그녀는 죽음을 조금도 두려워하지 않고 놀라울 정도로 자신의 생각을 솔직히 얘기하였다.

강청에 대해서도 매우 솔직하고 객관적으로 "강청이 무슨 문예기수냐? 그녀는 조국의 문화예술을 파괴하는 화근이다. 현재 매우 많은 영화와 희극이 비판받고 현재는 몇 개의 희극과 모택동어록을 노래하고 있다. 이런 식으로라면 조국의 문화예술은 가면 갈수록 고갈되고 단조로워질 것이다."고 표현하였다.

이러한 일련의 상황이 벌어지자 1969년 8월 조사가 시작되었고 이 조사에서도 장은 조금의 물러남도 없이 자신의 소신을 굽히지 않는다. 조사관이 "너의 관점이냐?"고 묻자 그녀는 당당히 "나의 관점이다"고 대답하였고 나아가서 그녀는 당신들이 나의 발언을 완전하게 정리하지 않은 것 같으니 내가 그동안의 나의 발언을 다시 정리하여 주겠다고 하면서 만자에 가까운 글을 작성하여 제출하였다.

4인방이 이 자료를 본 후에 분노하며 이런 자는 정리해 버리라는 명령을 내린다. 1969년 9월 24일 드디어 그녀는 반혁명분자로 몰려 투옥된다.

투옥 후 그녀는 "지금 나에게 죄를 묻는데 누가 죄를 받아야 하는가? 지금 나에게 죄를 묻는데 나는 죄가 없는 사람이다"고 노래를 하면서 분노를 삭였고 수많은 위협과 질책 속에서도 죄를 인정하지 않았으며 누구에게도 머리를 숙이지 않았다 한다.

한번은 감옥에서 나와 당당하게 머리를 들고 가슴을 펴고 취조실로 들어가니 취조관이 큰소리로 "너는 왜 이렇게 시끄럽게 임표 등의 동지를 공격하느냐고" 질책하자 그녀는 "이것은 공격이 아니고 나의 생각일 뿐이다."고 하였다.

이어서 취조관이 "너는 위대한 중국공산당을 공격하는 죄행을 저지르고 있다"고 하자 그녀는 "나도 공산당원이다. 나의 생각을 얘기하는 것은 당의 원칙에 부합하는 것이다."고 하였다.

또 취조관이 "너의 미래를 생각하라"고 하자 그녀는 "내가 당을 떠나면 나는 미래가 없다. 당을 떠나서는 나의 미래를 얘기할 수 없다"고 비장하게 말하였다.

결국 1975년 4월 3일 그녀는 사형에 처해진다. 사형 전에는 사형 집행 시 그녀가 혹시 당을 비방하는 발언을 할까 염려스러워 감옥 관리원이 그녀를 자신의 사무실로 데려가 성대를 칼로 손상시키고 이어서 감옥에 있는 모든 사람이 지켜보는 가운데 사형을 집행한다.[54]

---

54) 주화호 외 2인 편찬, 앞의 책, 423 - 426쪽.

제7장

자산계급 비판 투쟁운동

1. 문혁에서 하고자 했던 주요 논점

자산계급 사상을 띤 사람들과 반혁명의 수정주의분자들이 이미 당과 정부, 군대 안, 그리고 문화 영역 안에 들어가 있다. 이 사람들은 공산주의자들이 아니고 자본주의의 길로 되돌아가려는 사람들이다. 이 문제를 해결하기 위해서는 문혁을 실행해야 하며 실행할 때는 공개적이고 전면적이며 밑에서 위로 해야 하고 광대한 군중을 발동해 이들을 제거해야만 비로소 권력을 이들로부터 되찾아올 수 있다는 것이 바로 문혁에서 하고자 했던 주요 논점이다.

다시 말하면 자산계급 사상을 띤 지식계급들이 당과 정부 군대, 교육계, 문화계 안에서 활동하며 자본주의의 길로 되돌아가려고 하니 이들 지식인들을 제거해야 한다는 논점이다.

모는 "책을 많이 읽으면 사람에게 해를 준다고 하였고 단지 10여 권만 읽으면 된다고 하였다. 책을 많이 읽으면 부정적인 방향으로 나아가게 되며 책만 알고 세상일에는 어두워지는 무능력자가 된다."고 하였다.[55]

---

55) 모택동, 「춘절담화기요(1964년)」, 『모택동사상만세』 제1집, 권중달, 문명숙, 편역, 위의 책에

그러면 모가 얘기하는 지식계급은 바로 무산계급이 타도해야 할 대상인데 지식계급은 과연 분명하게 구분할 수 있는 것인가? 맹자는 "백보에 이르기까지 쏠 수 있는 힘은 타고난 것이며 백보 뒤의 과녁을 맞힐 수 있는 힘은 학습에 의해 얻어진 지식이다."(由射于百步之外也;其至爾力也;其中非爾力也.)고 하였다.

그렇다면 이러한 학습에 의한 능력의 차이는 분명한데 그렇다고 하여 우리가 편을 갈라서 분명히 나눌 수 있고 또 이들을 지식계급이라고 부를 수 있는 것인가? 이는 이치상으로 모든 사람을 무식계급과 유식계급으로 정확히 나눈다는 것은 힘든 얘기다.

예를 들면 J를 ㄱ이 좋아하고 ㄴ은 J를 조금 더 좋아하고 ㄷ은 J를 S보다 조금 더 좋아하고…… 이런 식으로 J를 좋아하는 사람이 열 명이 있다고 하자. 그러면 이들 열 명 중 J를 좋아하는 그룹을 고르라고 하면 그것은 이치상 가능하지 않다.

그러면 문혁시기에 주로 얘기되는 지식계급을 타도의 대상으로 삼는 것은 어찌 이해해야 되는가?

여기서 말하는 소위 지식계급, 즉 가짜 지식인(僞知識人)을 지칭한다 하겠다. 다시 말하면 경험에서 나오지 않는 지식을 위 지식인이라 칭할 수 있다. 문혁시기 타도의 대상으로 삼는 지식계급은 바로 이를 두고 하는 말이다.

위지식인 형성과 진보는 팔고문으로 관리를 선발하면서부터 시작된다. 이때부터 전국의 선비들은 삼경(三更)에 불을 켜고 오경(五更)에 닭이 울 때까지 매진해서 얻어낸 지식은 철저히 가치 없는 지식이 되어 버린다.

서 전재함.

이러한 지식은 제왕이 별도의 목적에 필요할 뿐 전혀 필요 없는 지식인 것이다. 결국 이러한 가짜 지식으로 인해 청말 외국과의 전쟁에서 계란이 바위를 치는 격이 되어버린 것이다. 아편전쟁, 영불연합군과의 전쟁, 청일전쟁 시기에 황제는 비로소 자신이 위지식인을 의지해서는 위기를 극복할 수 없음을 깨달은 것이다. 무릇 신교육이든 구교육이든 교육을 받은 적이 있는 사람들은 모두 이러한 위지식의 성분과 경향을 벗어날 수 없다.[56]

문혁의 주요 논점은 현 중국사회가 사회주의 국가이지만 아직도 자본주의의 향수를 가지고 자본주의의 길을 원하는 사람들이 많으므로 이들 봉건시대의 교육을 받은 지식인을 제거해야만 진정한 프롤레타리아 독재를 이룰 수 있다는 논리이다.

하지만 이 논리는 당시 현실과는 부합되지 않는 논리이다. 중공은 공산화 이후에 2,000만 명에 달하는 사람들을 지주, 부농, 반혁명세력, 나쁜 사람으로 분류하여 이들을 노동자, 농민을 수탈하고 압박하는 개조해야 할 사람들로 규정하였다. 이어서 모택동은 이들을 "국가의 노동력으로 보고 보존하고 개조"[57]해야 할 소멸의 대상이 아닌 이용의 대상으로 삼았기 때문에 문혁 시기에 소위 자산계급의 복벽문제는 제기할 만한 문제가 아니었다.

따라서 문화대혁명시기의 자산계급 숙청운동의 성격은 계급 간의 노선문제라고 보기는 힘들다. 무산계급의 주도하에 문화혁명을 한다고 하지만 이는 마르크스레닌주의에도 부합하지 않고 당시 중국 상황에서도 시행해서는 안 될 혁명인 것이다. 엄밀히 얘기하면

---

56) 도행지, 『중국교육개조』, 북경: 동방출판사, 1996, 128쪽.
57) 왕경상, 『모택동주은래와 부이』, 북경: 인민출판사, 1993년, 5쪽.

1949년 건국 이래 집권세력 간에 누적된 공산당 내부의 권력투쟁의 연속이라고 볼 수 있다.

2. 지식인을 논한다

수재(秀才)가 반란을 일으키면 3년이 되어도 성공할 수 없다(秀才造反, 三年不成)는 말이 있다 이 말에 대해 모택동은 "내가 보기에 고인은 말을 다 하지 않고 조금만 한 것 같다. 수재만으로는 30년 300년으로도 부족하다. 왜냐하면 수재에게는 폐단이 있다. 그 하나는 말이 많고 실행이 적다는 것이다. 즉 입으로만 말하고 실행에 옮기지는 않는다. 둘째 수재는 다른 사람을 무시할 뿐 아니라 문인은 서로 무시한다."고 하였다.

또 이와 관련해 모택동은 "진시황은 수재가 반란을 일으킬까(造反) 걱정이 되어 분서갱유(焚書坑儒)했다. 책을 태우고 수재를 죽이면, 즉 한 번 수고하면 영원히 편해지리라 생각했다. 2세, 3세 영원히 전해 내려가서 천하는 영원히 진 씨의 것이 될 것으로 여겼다. 그러나 태운 재가 아직 식기도 전에 산동에서 반란이 일어났고(坑灰未冷山東亂), 그리고 유방과 항우는 알고 보니 공부를 한 적이 없었다(劉項原來不讀書). 또 무리를 이끌고 반란을 일으킨 사람들은 공부를 하지 않은 문화가 낮은 진승, 오광, 유방, 항우와 같은 사람이었다."고 하였다.

이러한 말의 의미는 지식인이 무산계급 전정에 위협적인 존재는 되지 않는다는 의미이며 또 지식인에 대해서도 모는 긍정적인 마음을 가지고 있었다고 볼 수 있다.

또 모택동은 "수재가 없어도 안 된다. 수재는 독서를 많이 해서 견식이 넓어 모사획책을 할 수 있어 천하를 얻고 나라를 다스리는데 도움이 된다. 역대의 현명한 군주들은 모두 수재를 떠나서는 아무 일을 할 수 없는 불가분의 관계이다."고 피력한 적이 있다.[58]

이상의 사실을 통해 볼 때 모택동은 역사 사실에 근거해서 치밀하게 지식인의 속성을 분석해서 근본적인 결점과 약점, 그리고 역사상 지식인의 작용에 대해서 잘 알고 있었으며 더불어 지식인에 대한 정책 역시도 다분히 함께 갈 수 있다는 긍정적 생각을 가지고 있었다고 할 수 있다.

따라서 1949년 중공정권 탄생 이전에 당이 지식인을 다루는 문제에 있어서 비판적인 태도를 취할 때마다 이를 바로잡은 사람이 바로 모택동 자신이었다. 모는 정확하게 중국 지식인의 특성과 장단점을 파악하고 이들이 공산당을 위해서 공헌할 수 있게 정확히 정책을 제정해서 공산혁명을 성공시키는 데 일조하게 하였다. 그렇다면 왜 모택동은 문혁시기에 지식인 문제에 있어서 그처럼 잔인하고 무원칙적인 정책을 취하였는가?

모택동이 대부분의 지식인을 "자산계급"이라고 정의를 내리고 박해하기 시작한 것은 1957년부터이다. 이때부터 모택동은 지식인에 대해서 엄격히 비판적인 태도를 취했다.[59] 1957년 1월 모택동은 지식인 문제에 있어서 "지금 일종의 안배는 중시하면서 개조는

---

58) 대지헌, 앞의 책, 193쪽.
59) 대지헌, 위의 책, 166쪽.

중시하지 않는 경향이 있다. 안배는 많고 개조는 적다. 백화제방(百花齊放), 백가쟁명(百家爭鳴)이 오자마자 감히 지식인을 개조하지 못한다. 우리는 감히 자본가는 개조하면서 지식인은 왜 개조하지 못하는가?"라고 말했다.

또 1957년 7월 9일 그는 상해간부회의에서 "나는 줄곧 지식인이 가장 무식하다고 생각해왔다. 지식인들은 꼬리를 들고 자신이 대단한 줄로 안다. 그들은 노동자, 농민들을 무시한다. 그러나 대국의 문제는 지식인이 결정하는 것이 아니고, 결국은 노동자가 결정하는 것이다."고 하였다.

그리고 모는 "계급과 소유제를 '가죽(皮)'으로, 지식인을 '털(毛)'로 비유하면서 지식인 '모'는 제국주의 소유제, 봉건주의 소유제, 관료주의 소유제, 민족주의 소유제, 소생산 소유제라는 5개의 '가죽'에 붙어 있었는데 지금은 이 '가죽'은 다 없어졌다. 지금 지식인과 무산계급의 관계는 무산계급은 '가죽'이고 지식인이 '털'이다. 노동자와 농민이 지식인에게 밥을 주는 것이고, 지식인은 노동자와 농민이 초대해온 선생이다. 만약 주인의 말을 듣지 않는다면 노동자는 지식인을 사퇴시킬 것이다."고 하였다.

또 1957년 모는 간곡하게 지식인들에게 자신에게 화가 되더라도 감히 황제를 끌어 말 아래로 떨어뜨리고(捨得一身禍, 敢把皇帝拉下馬) 또 아무리 큰 것도 두려워하지 않는다(大無畏的精神)는 정신으로 당의 기풍을 바로잡아 달라고 호소하였다.

이때 많은 지식인은 이 호소에 호응해서 적극적이고 열정적으로 자신의 의견을 폈으며 동시에 소수 우파는 이 틈을 타서 당의 지도자와 사회주의를 공격하였다. 그러나 모택동은 돌연히 태도를 바꾸어 지식인을 소위 손봐주기로 작정하고 지식인을 대상으로 하는 반우파투쟁을 시작했으며 이어서 반우파투쟁을 하면서 많은 새로운 이론과 관점들을 끌어냈다.

1957년 7월 모는 『1957년 하계의 형식(夏季的形式)』이라는 글에서 단지 경제전선(전략)(소유제 문제의 해결)의 사회주의혁명만으로는 부족하다. 이와 더불어 정치전선(전략)과 사상전선(전략)이 있는 사회주의혁명이 있어야 한다고 생각했다.

같은 해 10월에 모는 당의 8기3중 전회에서 당의 8대중국사회주의에 대한 주요 모순 분석에 대해서 부정했다.

또 1958년 3월에 모는 중앙공작회의에서 중국에 두 개의 노동계급과 두 개의 착취계급이 존재한다는 관점을 제기했다. 두 개의 노동계급이란 즉 공인과 농민이고 두 개의 착취계급이란 즉 자산계급 우파와 기타 반동파이고 또 하나는 민족자산계급과 지식인(대다수의 지식인)이라고 하였다.

모는 계급투쟁이 아직 결속되지 않은 이상 정치전선과 사상전선의 사회주의혁명을 계속 진행해야 한다. 그렇게 되면 말할 필요도 없이 그 대상은 바로 두 개의 착취계급이고, 지식인은 바로 이 두 개의 혁명계급이 사회혁명을 하는 대상이 되는 것이라고 하였다.[60]

모택동은 중국사회의 계급분석에서 지식인을 소자산계급으로 분류한다. 또 이 소자산계급은 개인의 경제능력에 따라서 좌파 중도파, 우파로 나누었으며 이 중 좌파는 혁명에 동정적이었고 중도파는 중립적인 입장을 취하였으며 우파는 회의적으로 보았다.[61]

---

60) 대지헌, 위의 책, 162 - 165쪽.
61) 모택동, 「중국사회 각계급의 분석」, 권중달, 문명숙, 『모택동문화사상연구』, 집문당, 1991년.

어떤 사람들은 그의 지식인에 대한 불신임을 모의 "노예사관"에서 분석하려고 한다. 모가 역사 경험을 두 마디로 결론지은 명언이 있다. 즉 "고귀한 자는 가장 어리석고, 비천한 자가 가장 총명하다."는 것이다.[62]

모는 만년에 특별히 직접 경험과 감성 지식은 믿을 만한 것이라고 강조했다. 현대 학교 교육, 특히 대학 인문교육에 대해 부정적인 태도를 지녔다.

1968년 모는 서적 지식은 쓸모가 없고 책을 많이 읽으면 위험하다고 여겼다. 1964년 2월 13일(갑진년 설)에 모는 교육공작좌담회에서 당시 각 급 학교의 학제, 교과과정, 교육방법, 시험제도 등 여러 방면에 존재하고 있는 결점에 대해 비판했다.

모는 학제를 단축하고 교과과정을 간결화할 필요성에 대해서 언급하면서 "공부는 해야 한다. 그러나 많이 해서는 안 된다. 공부를 많이 할수록 어리석다."는 의견을 발표했다. 서적 지식의 작용과 학교교육의 필요성을 진일보 부정하였다. 심지어는 역사적 사실을 인용했다.

역사적으로 장원급제한 사람들 중 뛰어난 사람은 몇몇 되지 않는다. 이백과 두보 두 훌륭한 대시인은 장원도 아니고 진사, 한림도 아니다. 한유 유종원은 진사이다. 이류 사람들이다. 왕실보, 관한경, 시내암, 나관중 등도 모두 진사도 아니며, 조설근(曹雪芹)과 포송령(蒲松齡)은 발공(撥貢) 출신이다.

명조에 정치를 잘한 황제는 둘뿐이다. 한 사람은 글자 한 자도

106쪽에서 발췌함.
62) 대지현, 앞의 책, 167쪽.

모르고, 또 한 사람은 공부를 얼마 하지 않았다. 이후에 가정(嘉靖)에 이르러서 지식인이 정권을 잡았는데 오히려 나라를 엉망으로 다스렸다. 공부를 많이 하면 황제 노릇을 잘할 수도 없다고 말했다.

모의 이러한 신념과 정책에 의해서 심지어는 지식인을 국민당으로 비유했다. 1964년 8월 아프리카와 라틴아메리카 청년들을 접견하는 자리에서 "어떤 도시의 대학교, 중학교, 초등학교이든 그곳의 교수, 교사, 교원 및 행정요원들은 모두 국민당의 사람들이다. 우리 교원은 매우 적다. 그 사람들은 모두 국민당을 위해서 일하고 있으며 모두 미친 제국주의자들이다."고 말했다. 또 1966년 3월 정치국 확대회의에서 모는 "지금 대·중·초등학교 대부분은 모두 자산계급, 소자산계급, 지주부농계급 출신의 지식인이 독점했다. 이 사람들은 실질적으로 국민당이다."고 말했고, 같은 해 5월 7일 모가 임표에게 쓴 편지 "오칠지시(五七指示)"에서 "자산계급 지식인이 우리 학교를 통제하는 현상을 더 이상 계속할 수 없게 해야 한다."고 하면서 이어서 "문화대혁명"을 발동했다.

그래서 모택동은 이들 지식청년들을 철저히 정신 개조시킬 것을 요구한다. 구체적인 개조의 방식은 바로 지식인을 농촌에 보내 노동단련을 시키는 일이다. 즉 "빈하중농 재교육(貧下中農再教育)"을 받는 것이다.

모는 대소 지식인들은 모두 정신귀족으로 자처하니 1964년 2월 13일에 분개해서 "연극하는 사람, 시 쓰는 사람, 극작가, 문학가 등 모두 도시에서 쫓아 시골로 보내고 기별로 무리별로 농촌과 공장 등지에 보내야 한다. ……누구든 가지 않으면 밥 주지 말라."고 했다.

이에 따라 문화대혁명 중에 지식인은 대거로 "오칠간교"에 갔고,

수천수만의 지식청년들은 상산하향(上山下鄕)했는데 이것이 바로 이런 사상 "개조"의 구체적인 실천이다.

이와 관련해서 요문원은 『노동자계급이 모든 것을 영도해야 함』이라는 문장에서 "고급 지식인은 노동자는 교육을 이해하지 못한다고 한다. 그러나 지식인이 알고 있는 것은 자산계급의 가짜 학문이다. 이공과목을 가르치는 사람은 기기의 작동법과 수리법을 알지 못하고, 문과를 가르치는 사람은 문장을 쓸 줄 모르고, 농업화학을 가르치는 사람은 비료 주는 방법을 모른다. 그러니 지식인이 있는 곳에는 학교이든 어디든 관계없이 노동자와 해방군이 쳐들어가서 지식인이 독점하는 천하를 타파해야 한다."고 주장하고 있다.[63]

임표와 사인방의 경우는 지식인을 눈엣가시로 여겨 특히 견해가 탁월하고 성취가 있고 유망한 과학자, 문학가, 사상가 등에 대해서는 사지에 몰아넣었다.

모의 이 같은 지식인에 대한 불신임은 "고귀한 자는 가장 어리석고, 비천한 자가 가장 총명하다."는 논리를 전개하기에 이른다.

이 같은 지식인을 보는 편협되고 왜곡된 시각은 1975년 등소평은 중앙공작을 주관하면서 생산 질서를 정돈하는 동시에 과학과 교육공작에 대해서 정비하였고 9월 26일에는 "사인방"이 광학연구를 중시하지 않고 지식을 중시하지 않고, 교육을 중시하지 않고 지식인을 잔인하게 핍박한 심각한 상황에 겨누어서 중국과 같이 큰 나라에서 과학연구를 선두로 연구하지 않으면 모든 분야를 후퇴시킬 것이라고 날카롭게 지적하였다.

문혁이 결속되고 이 같은 사상적 혼란은 1978년 12월 당 11기 3

---

63) 대지현, 위의 책, 166 - 169쪽.

중 전회에서 등소평이 지식인 문제, 과학교육 문제에 대해서 중요한 지시를 내리면서 이론적으로 해결을 보았다.

등의 관점은 두뇌노동도 노동이며, 지식인도 노동자라는 이치를 분명하게 말했다. 지식 노동인도 노동자계급의 일부분이며 노동자와 농민에 의지해서 사는 "정신귀족"이라는 잘못된 관점을 부정하였다. 1981년 6월 11계 6중전회에서 『건국 이래 당의 약간 역사문제에 관한 결의』를 통과시켜 더욱 분명하게 "지식인은 노동자와 농민과 같이 사회주의 사업의 주요 역량이며, 문화와 지식이 없으면 사회주의를 건설할 수 없다"는 생각이다.[64]

이상의 내용을 종합하면 1957년 6월부터 반우파 운동이 시작되고 모택동이 중국혁명 이전의 지식인을 보는 관점과 태도가 일변하였다는 것을 알 수 있다. 이러한 지식인을 보는 모의 관점과 태도는 바로 정책적으로 반영되어 1958년 대약진운동시기와 문화대혁명시기에 대규모로 전면적으로 지식인을 비판하고 숙청하는 결과로 나타났다. 이러한 지식인에 대한 파괴적이고 파행적인 정책은 이후 중국 사회에 큰 파장과 후유증을 남기게 된다.

모는 1957년 이후부터 지식인을 자산계급 지식인으로 보는 관점을 갖는다. 이것은 모 자신이 1956년 1월 당 중앙이 지식인을 "공인(노동자)계급의 일부분"이라는 진단과도 서로 모순된다. 또 주은래의 관점과도 완전히 배치된다. 주은래는 "……사회주의 시대에는 이전의 어떠한 시대보다도 생산기술을 충분히 제고하는 것이 더욱더 필요하다. 아울러 더욱더 분발하여 과학을 발전시키고 과학지식을 이용하는 것이 필요하다. 이렇게 하여 온 사회가 필요로 하

---

64) 대지헌, 위의 책, 171쪽.

는 물질과 문화의 필요를 충족시켜야 하는 것이다. 하루라도 빨리 사회주의를 건설하기 위해서는 노동자, 농민, 지식인이 형제관계를 맺어야 한다. 현재 진행되는 각 항목의 건설 사업에서 지식인은 시간이 갈수록 더욱더 필요하다.

그들은 이미 국가의 각 방면에서 없어서는 안 되는 존재가 되었다. 그들은 국가의 보배다. ……현재 지식인의 문제에 있어 중요한 잘못은 종파주의와 인민을 마비시키는 문제이다. 사회주의 개조가 기본적으로 완성된 이후에 지식인의 역량을 충분히 동원하고 발휘하기 위해서는 1. 지식인의 사용과 안배를 개선해야 한다. 이렇게 하여 그들이 국가에 도움이 되게 해야 한다. 2. 지식인을 이해하려고 노력함으로써 신임하고 지지해야 한다. 3. 지식인에게 그들에게 맞는 응당한 대우를 해 주어야 한다."고 하였다.[65]

이처럼 지식인은 당시 사회에서 절대적으로 필요로 하는 없어서는 안 되는 사람들이었고 그 필요성 역시 당이 인정하는 바였다. 그런데 정치상황의 변화에 따라 지식인을 적대적으로 대하는 정책이 전개되자 이는 노동자와 농민의 지식인에 대한 경시와 차별대우로 이어지며 나아가서는 지식인들의 의욕을 상실케 하여 이후 중국의 과학문화 발전에 큰 타격을 안겨다주었다.

등소평은 "세계관"에 대해서 간결한 정의를 내리고 있다. 그는 "세계관이라는 것은 누구를 위해서 봉사를 하는 것인가에 있다."고 하면서 그렇다면 "지식인은 사회주의를 위해서 봉사하고 공농병(工農兵)을 위해서 일을 하니 그렇다면 지식인의 사상은 "백"이

---

65) 이 내용은 1956년 1월 14일 개최된 중공 중앙 회의에서 주은래가 제출한 "지식인문제에 관한 보고" 내용이다; 주은래 선집, 하권.

아니라 "홍"인 것이다. 지식인은 처음으로 무산계급의 세계관을 확립했고, 공인계급의 지식인이다."고 하였다.

이상을 통해 보면 모가 지식인을 보는 관점 역시 시대에 따라 변화하는 것을 알 수 있었고 그 관점 역시 정치성향을 띠고 있음을 알 수 있다.

1978년 12월 당 11기 3중전회에서 등소평은 당 중앙의 주요 정책결정자가 되었다. 그는 전당을 영도해서 난의 잘못을 바로잡는 작업을 하였다. 지식인 문제, 과학교육 문제에 대해서 중요한 지시와 이론에 대해서 분명하게 말했다.

등은 두뇌노동도 노동이며, 지식인도 노동자라는 이치를 분명하게 말했다. 지식 노동자도 노동자계급의 일부분이며 노동자와 농민을 의지해서 사는 "정신귀족"이라는 잘못된 관점을 부정하였다. 1981년 6월에는 11기 6중전회에서 『건국 이래 당의 약간 역사문제에 관한 결의』를 통과시켜 더욱 분명하게 "지식인은 노동자와 농민과 같이 사회주의 사업의 주요 역량이며, 문화와 지식이 없으면 사회주의를 건설할 수 없다"고 했다.[66]

지식인을 무시하고 압박한 결과 문혁시기의 과학연구와 학교교육은 정지되었으며 이 결과 이후 중국의 역사발전에 심각한 영향을 끼치게 된다.

---

66) 대지현, 앞의 책, 161 - 171쪽.

3. 자산계급 비판 투쟁운동

1966년 8월 8일 중공 8차 11중전회에서 통과된 『무산계급문화대혁명에 관한 결정(16조)』에서는 문화대혁명의 목적에 대해 "자본주의의 길로 가려는 당권파와 투쟁하고 자산계급 반동학술권위자를 비판하며 교육과 문예 그리고 사회주의 경제기초와 맞지 않는 모든 것들을 개혁한다."고 명시하였다.

이와 관련하여 모는 1966년 3월 정치국 확대회의에서 "지금 대·중·초등학교 대부분은 모두 자산계급, 소자산계급, 지주부농계급 출신의 지식인들이 독점하고 있다. 이 사람들은 실질적으로 국민당이다."고 말했고, 같은 해 5월 7일 모가 임표에게 쓴 편지 "오칠지시(五七指示)"에서 "자산계급 지식인이 우리 학교를 통제하는 현상을 더 이상 간과할 수 없다."고 하면서 이어서 "문화대혁명"을 발동했다.

당시 대표적 역사학자 곽말약은 "노인들의 머릿속에는 문제가 있다고 생각한다. 그들의 머릿속은 마치 여행가의 손가방처럼 각 부두의 여관 이름으로 가득 차 있다. 그러한 사람들은 이미 어리둥절한 생각에 빠져버려 신성한 사물을 받아들일 여지가 없다.

그러므로 있는 힘을 다해 마르크스레닌주의를 학습하지만 그 학문이 대가의 경지에는 도달하지 못하기 때문에 노인들은 흔히 나의 사상수준은 대단히 낮다고 자조해 버린다. 나는 이러한 말이 겸손한 표현이 아니라 실제로 이들은 선입 위주 즉 먼저 들어와서 주인 노릇을 하는 옛 사상의 피해를 받고 있다고 생각한다. 옛 사상이 머릿속을 강점하여 새로운 문물에 양보하려고 하지 않는 것이다."[67]고 하였다. 문혁을 통한 정신개조의 당위성을 여기에서 살펴볼 수 있다.

이에 1967년 1월에 이르러서 문화대혁명은 전국적 범위의 권력 탈취 단계로 접어들었다. 전국적인 혼란 상황에서 모택동은 1968년 "투쟁과 비판과 개혁이 결합한 혁명위원회를 만들고, 비판은 크게 하며, 계급의 무리를 깨끗이 정리하며, 당을 정리하고, 당 간부들을 시골로 내려 보내고, 불합리한 교육제도를 개혁"하라고 구체적인 지시를 내린다. 이처럼 모택동은 투쟁과 비판과 개혁의 원칙하에 중국 사회를 자신의 생각에 맞는 세상으로 만들 결심이었다.[68]

이상 문혁과 관련된 모택동의 지시사항을 구체적으로 살펴보았다. 그러면 모가 주장한 내용을 통해 문혁시기 중국이 나아가고자 했던 길이 무엇이며 그 결과 중국 사회는 어떠한 상황이 전개되었는지 살펴보겠다.

1. 비판은 크게 한다. 이는 주로 유소기의 반혁명 수정주의 노선을 겨냥하여 말한 것으로서 이러한 비판은 후에 사회의 전반적인 분야로 확대되었으며 우려할 만한 일은 이 비판운동이 개인의 사적이고 누려야 할 일상적인 생활에까지 걸쳐 간여하게 되었다는 것이다.

2. 당을 정리하여 재건한다. 이 발언 이후 전국적으로 당을 정리하여 재건하는 작업이 전개되었다. 주자파로 몰린 당원들은 숙청당하였고 이들을 공격한 소위 조반파(造反派)로 불리는 자들이 주자파 당원들을 대체하게 된다.

3. 당 간부들을 시골로 내려 보낸다. 이 정책에 의해 많은 당과

---

67) 『인민일보』, 1954년 12월 9일.
68) 주화호 외 2인 편찬, 앞의 책, 430쪽.

정부의 간부들이 산과 시골로 보내져 빈하중농(貧下中農)의 재교육을 받는다. 이 결과 당정간부들이 영문도 모르고 핍박받고 비판받았으며 심각한 것은 교육전문가와 과학자들 역시 예외 없이 빈하중농의 재교육 대열에 합류하니 당시 중국 사회는 정상적인 학문과 과학교육의 발전이 정체되어 갔다.

4. 불합리한 교육제도를 개혁한다. 이 지시에 의해 불합리한 교육제도를 개선한다는 명목으로 천여 만 명의 지식청년들이 시골로 보내져 빈하중농의 재교육을 받게 된다. 이러한 상산하향(上山下鄕)운동은 이 시기의 중요한 교육혁명으로 불린다. 사실상 이 기간 동안 학교에서의 교육은 중단되었다.

그러나 1968년 말부터는 홍위병을 해체시키기 위해 청년들을 대거 농촌으로 추방시키는 작업이 개시되었다. 공식 통계에 따르면 1970년대 중반에 대략 1,200만 명에서 1,800만 명(도시 인구의 약 10%) 정도가 농촌으로 추방당하였다.[69]

그러다가 1970년 6월 다시 학교 교육을 시작하였으나 학생을 선발하는 방식이 이때 완전히 변하게 된다. 대학입시제도는 종전의 우수한 인재를 선발하는 전국적인 시험제도에서 군중 추천과 지도자의 비준 그리고 학교심사가 결합된 방식으로 바뀌었다. 여기에다가 학생은 공농병(工農兵) 중심으로 선발을 하였고 선발된 학생들에게는 大學에 다니면서 大學을 관리하고 또 모택동 사상으로 대학을 개조할 것을 요구한다. 이 결과 학생의 수준은 낮아졌고 중국 교육은 황폐화되었으며 문혁이 결속된 후에도 중국인민은 후유증을 감내하여야만 하였다.

---

69) Beijing review, 1982. 9월 27일. 찰리 호어/조남선, 『바로 보는 중국 현대사』, p.79에서 전재.

제8장

임표 망명과 추락사건

1. 모택동의 남방 순시와 임표의 무장정변

　모택동은 1971년 8월 14일에서 9월 12일까지 남쪽지역을 돌며 순시를 단행한다. 1개월의 순시 중에 모택동은 하남, 호북, 호남, 광동, 광서, 복건, 절강, 강소성 등 성과 시의 당·정·군 지도자 및 각 군부대 책임자들을 만나 담화를 나누었고 이 담화 중에 임표와 그 추종세력인 진백달 등을 비판하였다.

진의 애도대회에서 그의 부인과 대화 중인 모택동

그리고 지도자 간부들에게 "마르크스주의를 해야 하며 수정주의를 해서는 안 된다", "분열해서는 안 된다", "광명정대해야 하며 음모를 꾸며서는 안 된다"는 일련의 발언을 하였다.

모택동의 이러한 거동에 북경에 있던 임표는 놀라고 당황하였고 시시각각으로 모택동의 담화 내용을 보고받고 정밀 분석한다. 결과 임표는 상황이 매우 위급함을 인지하고 그동안 각 지역에 건립한 지지 세력을 기반으로 모택동을 암살하는 무장정변을 일으킬 것을 결정한다.

드디어 임표의 아들 임립과는 1971년 3월 자신이 만든 '반혁명별동대'를 기반으로 9월 7일 "연합함대"에 "1급 전투준비" 명령을 내린다.

9월 8일에는 임표가 정식으로 "임립과와 주우치가 전달한 명령대로 시행하라."고 무장정변 명령을 하달한다.

이에 임립과와 주우치는 구체적으로 부대배치를 하였고 강등교를 상해지구 제1선 지휘자로 임명하고 모택동이 상해에 있는 기간에 암살하도록 계획하였다. 그러나 모택동은 이미 사전에 임표 등의 무장정변계획을 알아차리고 돌연히 일정을 변경하여 9월 12일 북경으로 돌아온다.

1971년 9월 12일 북경으로 돌아오면서 정변계획은 수포로 돌아간다. 이에 임표 등은 1971년 9월 13일 새벽 요녕성 산해관 비행장에서 비행기로 소련을 향해 도주한다.

그러나 도주 중 몽고 상공에서 의문의 추락 사고를 당해 탑승객 전원이 사망한다.(9.13사건) 1973년 8월 중공중앙은 임표의 당적을 영원히 박탈하고 직책도 파면한다.[70]

2. 무장정변 후의 정국의 변화

이 사건(9.13사건)이 발생한 후에 모택동은 내외적으로 국가정책의 수정을 가하여 많은 변화를 가져온다. 내적 변화를 살펴보면 1971년 9.13사건 후 국가정책의 조정을 단행한다. 즉, 주은래를 복

---

70) 주화호 외 2인 편찬, 앞의 책, 448 - 449쪽.

귀시켜 중앙의 일을 보도록 했고 그동안 박해받았던 전문가, 교수들을 본래 직장으로 복귀시켰으며 1973년 3월에는 등소평의 국무원부총리 직책도 복귀시켰다.

그리고 1973년 8월 중공 10大 후 모가 "임표 비판은 공자 비판과 연계시켜야 한다"는 의견을 개진한 후에 전국적으로 강청 등 4인방 주도하에 "비림비공(批林批孔)"운동이 벌어졌는데 이에 대해 모는 나는 이 운동을 지지하지만 새로운 혼란이 오는 것을 원치 않는다고 하면서 4인방을 질책하면서 "강청은 나를 대표하지 않으며 단지 자기 자신을 대표할 뿐이다. 그들은 '4人 소종파(小宗派)'를 해서는 안 된다"고 비판한다.

또 1974년 10월에는 등을 국무원 제1부총리로 임명하였고 1975년 1월에는 등을 중앙군위 부주석 겸 중국인민해방군 총참모장으로 임명하였으며 중공 10차 2중 전회에서는 중공 중앙 부주석 겸 중앙정치국상무위원으로 임명한다. 이러한 조치를 통하여 모는 등을 다시 정치 일선으로 등장시켜 강청 등을 견제하고 또 한편으로는 혼란한 국면을 수습하려고 하였던 것이다.

이로써 정치적 수세에 있었던 등소평이 실권을 회복하면서 자신이 평소 가지고 있던 생각을 표현하기 시작한다. 이때부터 중국정국은 새로운 상황이 전개되었고 정치무대에 복귀한 등소평과 강청은 치열한 권력투쟁의 장을 형성한다. 이때 등은 강력한 지도력으로 정책을 실현토록 투쟁할 것을 천명하였고 강은 경험주의를 반대한다는 이름으로 맞선다.

이때 양자의 논쟁에 대해 모는 강청의 손을 들어준다. 왜냐하면 모는 시종일관 문혁의 필요성에 대해서는 부정한 적이 없었는데 하지만 등은 문혁을 근본적으로 부정한다. 이 점이 바로 모가 용납할 수 없는 사실인 것이다.

결국 오뚝이 인생 등은 1975년 11월 또다시 대부분 직책을 파직당하였고 이후 중국정세는 안개 속으로 빠져든다.

외적 변화는 중국이 1949년 공산화된 후에 대부분 국가는 중화민국의 정통이 대만에 있다 하여 중공이 아닌 대만인 중화민국과 외교관계를 유지하였다. 게다가 중공의 대외관계의 원칙은 국민당 반당파와 외교관계를 끊고 중화인민공화국을 합법적 정부로 승인하는 국가와만 외교 통상관계를 맺을 것이라는 원칙을 세운다.

이런 상황에서 미국을 위시한 서방 나라 중 대만과의 관계를 정리하고 중국과 외교관계를 맺은 나라는 최초로 외교관계를 수립한 소련과 동유럽의 불가리아, 루마니아, 헝가리 등의 동유럽 국가와 북한 등 일부 국가에 지나지 않았다.

그래서 1950년 10월까지 25개 나라만 중국을 승인했으며 이 중 18개 나라와만 외교관계를 수립하였다. 이런 상황은 70년대에 들어가면서 조금씩 변화의 움직임이 보이기 시작한다.

9.13사건(임표무장정변사건) 후 1971년 10월 중공은 대만을 유엔에서 쫓아내고 유엔의 합법적 대표로 인정받는다. 1972년 2월에는 미국 대통령 닉슨이 중국을 공식 방문해서 28일 상해에서 『중미연합공보(中美聯合公報)』를 발표하여 중미양국은 관계정상화에 이르렀고 국교는 1979년 1월 1일에 정식으로 수립된다.

1972년 9월에는 일본과 외교관계가 수립되면서 이후 대부분 유럽 국가들과 외교관계를 성립한다.

마지막까지 반공국가로 자처한 우리의 경우는 비교적 늦게 1992

년 8월 대만과의 외교관계를 끊고 중국과 외교관계를 수립했는데, 이때 대만의 반발이 극심하여 이때부터 시작된 대만의 반한 감정의 골이 현재까지 깊게 패게 된다.

대만이 이렇게도 극렬하게 반응한 이유는 한국 측에서 사전에 아무런 얘기도 없이 갑작스럽게 단교를 통보했다는 것이다. 이 당시 대만의 외교 상황을 보면 우리는 대만의 가장 큰 외교 상대국이었고 두 번째 큰 외교 상대국은 남아프리카공화국이었으며 이외 나라는 아프리카의 작은 나라 10여 개국뿐이었다.

대만은 가장 큰 맹방이며 반공의 친구가 일순간에 일방적 통지를 하고 변심하자 격노한다. 단교 다음 날 대만은 이재방을 대표로 대표단을 파견하여 북한으로 급파해서 핵 쓰레기를 북한에 팔아버리는 등 적대적 관계를 취하기도 하였다.

3. 임표의 인생역정

임표는 호북성 출신으로 1925년 중국공산당에 가입하였다. 중화인민공화국 성립 초기에 일찍이 그는 노동자농민 홍군 제4군 제1종대사령, 제1군단 군단장, 8로군 115사 사장, 동북 인민해방군 사령원, 제4야전군사령원 등의 직책을 맡았다.

그의 직위는 10대 원수 중의 한 사람이었으며 그의 혁명에 대한 역정과 공적은 혁혁한 것이었다.

1949년 중공정권 건립 후 그가 승승장구한 계기는 1959년 8월 여산회의 때였다. 여산회의는 본래 회의의 취지가 대약진운동의 잘못을 바로잡기 위한 회의였다. 그런데 모택동의 개인적인 생각과 이에 따른 지시에 의해 회의가 갑자기 팽덕회 비난대회로 변질되자 임표는 선두에 서서 모택동의 편을 들어 적극적으로 팽덕회를 비판하는 데 앞장선다.

이 사건으로 임표는 모택동의 각별한 사랑을 받고 일순간에 권력과 지위를 양손에 움켜쥔다. 드디어 1959년 9월 17일 팽덕회의 국방부장 직위가 면직되고 임표가 그 자리를 잇게 된다.

1960년에서 1964년 사이에 야심가이자 기회주의자 임표는 고금을 넘나들며 국내외 서적을 탐독하였고 각 왕조의 역사와 군벌들의 혼전의 역사 그리고 문사자료 등을 세심히 읽는다.

또 한편으로는 모택동의 환심을 얻기 위해서 수단과 방법을 가리지 않고 모택동을 연구하기 시작한다. 모택동이 좋아하고 싫어하는 것, 심리상태, 동향 등을 파악하여 자신이 무슨 말을 해야 할지를 결정하였다.

이러한 정성 어린 노력으로 임표는 모로부터 자주 칭찬을 들으면서 신임을 한 몸에 받았다.

결정적인 것은 1962년 7천인대회[71]에서 임표는 대약진운동의 문제 지적에 대해 변론하는 발언을 한다. 즉 대약진운동의 문제는 모의 정책에 문제가 있는 것이 아니라 모의 정책을 시행하는 사람들이 모의

---

71) 1962년 1월 11일 에서 2월 7일 사이에 북경에서 확대 중앙업무 회의가 개최된다. 회의는 모택동이 주재하였으며 참가한 사람은 중앙과 중앙 각 부문, 각 성, 시, 현의 주요 지도자 및 군부대의 책임자 등 모두 7천여 명이 참가하였다. 회의는 대약진운동의 결과 중국 사회는 심한 경제적 타격을 받는다. 이미 많은 시간이 흘렀지만 문제해결의 열쇠를 찾지 못한 상황에서 회의가 개최되었다.

의사대로 정책을 시행하지 않았기 때문에 생긴 것이라고 발언한다.

이 발언 후에 임표는 "모의 가장 좋은 학생"이라고 자칭하면서, "모택동 사상의 위대한 붉은 깃발을 높이 들자"고 선전하였다. 이후 임표의 권력과 영향력은 절정에 달하였다.

모택동의 사랑을 한 몸에 얻은 임표는 이것도 만족하지 못하고 자신을 따르지 않고 심지어는 평소 감정이 좋지 않았던 실세들을 제거하는 작업을 전개한다.

1959년 팽덕회가 제거되자 이어서 그는 주덕을 비판하기 시작하였으며 1965년에는 평소에 자신의 잘못에 대해 거침없이 비판하였던 당시 6개 요직(군사위원회비서장, 총참모장, 부총리, 중앙서기처서기, 국방부부부장, 국방공판주임)을 겸하며 군권을 잡은 나단경에 대해 각종의 모함과 박해를 가해 결국 12월에 그의 군대 내의 모든 직위를 해제시킨다. 그 해 말에는 나단경을 체포해서 광주리에 담아 군중대회와 군대연병장으로 끌고 다니면서 인간으로서 할 수 없는 온갖 모욕을 주었다.

1966년 8월 중공 8기 11중 전회에서 정치국 상임위원 중에 유소기는 서열 2위에서 8위로 강등되었으며 59세의 임표는 6위에서 2위로 순위가 바뀌었다.

후에 임표는 모의 공식적인 후계자로 인정받았고 이와 더불어 그는 강청 세력과 연계하여 온갖 악행을 자행하였다. 이들에 의해 61명의 반란사건에 연루되어 5,000여 명이 심사를 받았고 34만여 명이 핍박받고 억압받았으며 1만 6천여 명이 박해를 받고 사망하는 등 수없는 사람이 죽거나 고통 속에 하루하루를 살아가고 있었다.

1970년 8월 23일에서 9월 6일 사이에 중공 9기 2중 전회가 강서성 여산에서 개최된다. 이때부터 임표 역시도 절대 권력자 모택동과 모순관계에 빠진다.

8월 25일 모택동이 주지한 정치국상임위원회 확대회의에서 모는 본래 국가주석 직은 두지 않기로 결정한 적이 있는데 임표가 국가주석 직을 맡게 되자 분노한다. 8월 31일 모는 『나의 약간의 의견』이라는 문장을 발표한다. 이 문장에서 모는 "영웅이 역사를 창조하는가 아니면 노예가 역사를 창조하는가? 사람의 지식은 선천적으로 생기는 것이냐 아니면 후천적으로 생기는 것이냐? 유심론의 선험론이냐 아니면 유물론의 반영론이냐? 우리들은 단지 마르크스주의의 입장에 서야지 절대로 진백달의 요언이나 궤변에 말려서는 안 되는 것이다"고 발언한다. 결국 이 발언 후 임표의 국가주석 계획은 수포로 돌아간다.

9기 2중 전회 이후 임표의 본모습이 밝혀지면서 임표는 모의 총애를 잃어버리고 결국 상호간의 모순에 의해 임표무장정변사건이 벌어진다. 임표무장정변사건은 결국 비극적 결과로 끝이 나고 이어서 또 한 차례의 피비린내 나는 전국적인 비림정풍(批林整風)이 일게 된다.

이때 모는 임표 비판은 공맹의 도를 비판하는 것과 연계시켜야 한다고 발언하였으며 또 "임표는 국민당과 마찬가지로 존공반법(尊孔反法)한다"고 비판하였다.[72] 이로부터 임표 비판은 공자 비판과 연결하여 비판하여야 한다는 비림비공 운동이 전국적으로 벌어진다. 이러한 운동은 논리적으로나 이론적으로도 사실에 맞지 않다.

---

72) 주화호 외 2인 편찬, 앞의 책, 458 – 475.

제9장

임표를 둘러싼 반공자운동

1. 비림비공(批林批孔)운동

임표무장정변사건이 마무리되고 모택동은 임표 비판은 공맹의 도를 비판하는 것과 연계시켜야 한다고 하면서 1973년 5월 "임표는 국민당과 마찬가지로 존공반법(尊孔反法)한다"고 하였다. 이후부터는 임표를 공자와 연관시켜 비판하는 운동인 비림비공운동이 전국적으로 벌어진다.

이러한 운동은 논리적으로나 이론적으로 사실과 맞지 않다. 문혁을 발동하면서 모는 그 이유를 자산계급 사상을 띤 수정주의 분자들이 이미 당과 정부, 군대 안 그리고 문화 영역 안에 들어가 있으니 이 사람들은 공산주의자들이 아니고 자본주의의 길로 되돌아가려는 사람들이라고 규정하였다.

그리고 이들을 제거하기 위해서 광대한 군중을 발동해야 한다고 역설하였다. 그러나 그 타도의 대상이었던 유소기는 억울함과 배신감으로 한을 품고 몸을 떨면서 죽어갈 때도 전 세계의 공산화를 죽어서라도 보겠다며 바다에 유골을 뿌릴 것을 유언하였던 철저한 공산주의자였다.

그들은 주자파도 아니었고 수정주의 분자들도 아닌 것은 역사가 알려주고 있는 사실이다.

사람이 사람과 헤어지려고 마음먹으면 무슨 말을 못하고 무슨 행동을 못하겠는가? 이러한 비림비공운동은 이치를 따져 볼 때도 논리에 맞지 않다. 이는 자기의 생각과 다르고 정치적 견해가 다른 사람들은 모두 정적으로 판단한 모의 비이성적인 정치적 판단이라 볼 수 있다.

모는 임표가 무장정변을 발동한 이유를 공자에서 뿌리를 찾으려 한다. 근원을 찾긴 찾았는데 논리가 너무나 비약된 듯하다. 임표가 자산계급의 사상을 지니고 권력에 지나친 욕심을 가지고 정변을 일으켰는데 그 이유는 그가 2천 년 전에 유가의 창시자였던 공자 사상의 영향을 받았기 때문이라는 것이다.

이러한 논리의 근원에 대해서는 일찍이 신문화운동시기에 이대 소가 발표한 『공자와 헌법』의 문장을 보면 그 논리를 이해할 수 있다.

이대소는 1917년 1월 발표한 본 문장에서 유교사상에 대해 맹렬하게 비판을 가한다. 즉 당시에 발생한 일련의 복벽문제와 이어지는 원세개의 황제에 대한 야심찬 계획 등은 바로 황제를 위해 절치부심하며 유교사상을 만든 공자사상의 숭배와 연관이 있다고 판단한다.

그리고 당시 이대소는 헌법 초안 중에 '공자의 도로써 修身하는 뿌리로 삼아야 한다.'고 규정한 문구에 대해서 강한 어조로 존공(尊孔)의 내용에 대해서 비판적인 견해를 표명한다.

이대소가 『공자와 헌법』 문장에서 밝힌 견해는 다음과 같다.

공자라는 자는 수천 년 전에 썩은 해골이고 반면에 헌법은 현대 국민의 혈기이고 정신이다. 어찌 수천 년 전의 잔해를 현대 국민의 혈기와 정신의 결정체인 헌법에 넣을 수 있겠는가? 만약에 이렇게 한다면 그 헌법은 진부하고 부패하고 죽은 사람의 헌법이지 살아 있는 우리 세대의 헌법이라고 할 수 없다.

이것은 황량한 능(陵)과 옛 무덤의 헌법이지 밝은 태양 아래의 헌법이라고 할 수 없다. 우상과 권위를 지키기 위한 헌법이지 민생과 국민의 이익을 지키는 헌법이 아니다. 이는 공자의 묘지명이지 헌법이라 할 수 있는가?[73] 이처럼 이대소는 1917년 공자사상이 중국 사회에 미치는 나쁜 영향에 대해 조목조목 논리적으로 분석하고 주장하였다.

반공자운동은 문혁의 어느 순간에 홀연히 나타난 사상의 흐름이 아니라 사회주의 이론이 중국에 들어오면서 이론이 정립되었고 그 이론이 1917년 신문화 운동 시기에 와서 신문과 잡지를 통해 다양한 관점에서 논리가 정립되었으며 문혁시기에 와서 임표사건을 계기로 재차 쟁론의 초점이 되었던 것이다.

이와 관련해 당시 북경일보에서는 다음과 같이 이야기하고 있다.

"자산계급 야심가이며 음모꾼 임표의 침실 안에는 족자 하나가 걸려 있다. 거기에는 사기꾼 임표가 쓴 몇 글자가 적혀 있다. "만사는 유유히 여유 있게, 오직 이를 큰 것으로 삼고, 극기복례한다. (悠悠萬事, 唯此爲大, 克己復禮)" 무엇이 "극기복례"인가? 그 내력을 조사해보니 원래 공자에게서 주워 온 쓰레기였다.

2천 년 전에 공자가 생활했던 시기는 노예제에서 봉건제로 바뀌

---

73) 이대소, 「공자와헌법」, 장세제 편찬, 『중국근대사참고자료』, 사천: 고등교육출판사, 1988.

는 사회 대변혁 시대였다. 이러한 예와 악이 붕괴되는 천하대란의 형세에 공자는 몰락한 노예주의 반동적인 입장에 서서 주례(周禮)를 죽도록 움켜쥐고 놓아주지 않았으며 공공연히 껑충 뛰어 극기복례(克己復禮)의 검은 깃발을 내세워 이를 자신의 필생사업으로 여겼다.

분명한 것은 공자의 복례(復禮)는 바로 복고(復古)이며 복고는 바로 복벽(復辟)인 것이다. 공자가 고취한 극기복례는 바로 노예귀족들이 노예제의 망령된 검은 강령을 복벽하려는 망상된 기도인 것이다.

2천 년이 지난 지금 임표는 이 검은 강령을 주워서 대서특필하고 아울러 이를 자신의 침대 위에다 걸어놓고 읽고 읽어 잊지 않으려고 하였다. 그러면 임표가 회복하려는 것은 무엇인가?

이에 대해서는 악명 높은 『571공정 기요』에 명백하게 적혀 있다.

무산계급에 의해 전제된 "땅, 부(富), 반(反), 우(右)" 등에 일률적으로 정치상의 해방을 준다. 그리고 그들로 하여금 다시 새롭게 무대로 돌아와 무산계급을 전제하게 한다. 바로 자본주의를 다시 복벽하자는 이야기이다. 임표와 공자는 2천 년의 나이차가 있는 사람들이다. 그럼에도 불구하고 내세우는 것도 "복례(復禮)"라는 낡은 깃발이니 그는 역사를 후퇴시키려는 망령된 생각을 가지고 있음이 분명하다.

레닌은 무너진 착취자는 자신이 무너질 것을 생각지 못했었다. 그들은 이 점을 믿지 않았으며 이 점을 생각하기를 원하지 않았다. 그러므로 그들은 첫 번째 심각한 실패를 맞은 후에 열 배의 노력과 미친 듯한 열정과 백배의 원한으로 전투에 돌입하였으며 그들이

뺏긴 천당을 다시 찾기 위하여, 잃은 것을 회복하기 위하여 투쟁한다. 그러나 역사의 거대한 수레바퀴는 되돌릴 수 없는 것이다. 반동파 임표는 역사의 징벌을 모면할 수 없을 것이다."[74]고 말하였다.

즉 이 글의 논점은 공자의 복례는 바로 복고이며 복고는 바로 복벽인데 2천 년이 지난 지금 임표는 자신의 침대 위에다 공자사상의 핵심인 "극기복례"의 글귀를 걸어놓고 바로 자본주의를 다시 복벽하려는 음모를 꾸미고 있다는 것이다.

즉 당시 모택동과 그 추종세력들은 유교를 2천 년 전의 "쓰레기"로 표현하며 임표는 이 부서진 쓰레기를 주워 보물을 얻은 것처럼 기뻐하였고 그리고 개똥벌레가 똥덩이를 굴리듯이 이를 정신적 지주로 삼아 자본주의를 복벽시키려는 음모를 꾸미고 있다는 것이 비림비공운동의 중심 내용이다.

당시 8억의 한 사람 한 사람 국민들에게 심각한 경제적, 사상적 혼란을 가져다준 문화대혁명은 비림비공운동에 이르러서는 그 정치적 혼란이 절정에 이르게 된다. 모택동과 그 집권세력들 간의 끊임없는 권력투쟁의 원인을 이제 와서는 공자와 유교 때문이라고 그 이유를 찾으려고 한다. 얼마나 어처구니없는 일인가?

이러한 임표를 둘러싼 반공자운동에 대해서 당시 서방과 일본 매체에서는 이해할 수 없는 운동이라는 견해를 보인다.

당시 중국전문가 천기건치는 『유교비판의 허망』에서 이에 대해 다음과 같이 이야기하고 있다.

"중국 인민에게 가장 깊은 영향을 주었던 것은 절대로 유교가 아니다. 한족의 경우는 도교(다신교)가 절대적이었으며 장족과 몽고

---

74) 『북경일보』, 북경: 1974년 2월 6일.

족에게 있어서는 라마교가 절대적이었으며 서역 각 민족에게 있어서는 이슬람교가 절대적인 영향을 주었다고 할 수 있다. 만일 구사상을 개조하는 운동이 필요하다면 반드시 도교와 이슬람교 그리고 라마교를 비판의 주요 범위에 포함시켜야 할 것이다. 이렇게 하지 않고 오직 유교만을 실제와 맞지 않게 나쁜 것으로 보는 관점은 이해할 수 없는 것이다.”[75]

당시 전국적으로 벌어진 비림비공운동을 빙자한 집권층의 권력투쟁은 결과적으로 중국 인민들의 비극으로 그 피해가 전가되었다.

2. 비림비공을 이용한 정치적 음모

유방의 토사구팽이나 혹은 위나라의 조조가 따뜻하게 자신을 반기는 부친의 친구 일가를 실수로 몰살하고 후환이 두려워 그 부친의 친구마저도 살해한 사실은 역사에서 유방과 조조의 간사함과 잔인함을 얘기할 때 자주 회자되는 일화이다. 이러한 권력과 명예와 부를 위해서라면 무슨 짓도 할 수 있었던 역사상 위인들의 교활한 면은 고전을 통해 쉽게 접할 수 있다.

비림비공운동은 임표의 정신세계가 과거 봉건시대 유교의 낡은 세계에 머물러 있으니 임표를 공자와 묶어서 비판해야 한다는 이론이다. 여기에다가 이러한 비림비공운동은 그 화살이 주은래 등에게로 날아가 또 한 번 권력투쟁의 양상이 전개된다.

---

75) 『참고소식』, 북경: 1974년 4월 18일.

이렇다면 소위 이상사회를 만들겠다는 목표를 갖고 무산계급전 정의 사회주의 운동의 범주 안에서 전개되는 이러한 움직임들은 과거 봉건시대의 개인을 위한 치열한 권력투쟁의 양상과 무슨 차 이가 있을 수 있겠는가?

1974년 1월 24일부터는 비림비공운동이 주은래 비판운동으로 변 질되어 본격화된다. 이날 강청 등은 북경에서 만여 명을 소집하여 비림비공운동대회를 개최한다. 이 대회에서 강청 등은 주은래를 공 자사상의 중심인 "중용의도"를 지닌 반동파로 모함하였고 더불어 비림비공을 빙자해서 주은래와 섭검영 등을 비판하였다.

이후에는 계속해서 주은래를 비판하는 글들이 신문지상에 발표 된다. 『공구기인(孔丘其人)』과 『「향당」편을 통해서 본 공노이(孔老 二)』라는 두 편의 문장에서는 공자를 "중병으로 침대에 누워 있는 71세 노인"으로 이야기하였고 여기에다가 온 힘을 다해 일어나 흔 들흔들 걸어서 노나라 임금을 만나러 간다고 묘사하였다.

이는 오랫동안 피로로 인해 중병을 앓고 있으면서도 권력을 잡 고 있는 주은래를 빗대고 하는 말이었다.

또 「『여씨춘추』에 대한 논평」이라는 문장에서는 여불위를 "재상 유(宰相儒)"로 설정하고 이를 주은래와 비교하여 이야기한다. 즉 주은래가 당시에 임표사건 후에 문혁기간에 박해받았던 사람들의 명예를 회복시키는 등 강청집단의 정책과는 상반된 정책을 집행하 자 이러한 방식으로 주은래를 모함하기 시작한 것이었다.

그래서 『여씨춘추』 내용 중에 나오는 절충주의 방식을 반동적인 것으로 규정하며 주은래가 이를 답습하였다고 모함한다.

이에 대해서 그들은 다음과 같은 논리를 전개한다.

"그들은 종종 아주 공평한 태도를 취하는 것처럼 가장하기 때문에 그것이 옳은 것인지 그른 것인지 알 수 없으며 혹은 이것도 옳고 저것도 옳다는 매우 애매한 태도를 취함으로써 자신의 극우성향의 실체를 숨긴다. 표면적으로는 기울지도 않고 편들지도 않음으로써 실제에 있어서는 백방으로 반동파를 보호하고 혁명파에 대해서는 힘써 사지에 몰아넣는다."

강청집단의 이러한 목적 없는 맹목적인 선동정치는 당시 중국사회를 사상적, 정치적, 경제적으로 혼란에 빠뜨린다.

예를 들면 당시에 이야기되던 "사회주의의 풀을 원할지언정 자본주의의 싹을 원치 않으며, 사회주의의 느린 점을 취할지언정 자본주의의 정시에 행해지는 점을 원치 않으며 사회주의의 저속도를 원할지언정 자본주의의 고속도를 원치 않으며, 사회주의의 학력이 없는 노동자를 원할지언정 자본주의의 학력이 높은 착취자는 원치 안는다."[76]

이러한 무원칙의 일방적 정책 노선은 사상적인 혼선 외에 경제적으로도 심각한 타격이 될 수밖에 없는 것이다. 그러나 결국은 운동주체세력들의 사물을 보는 시각의 편면성과 논리의 모순으로 인하여 운동은 자기모순에 빠졌을 뿐 아니라 여기에 강청집단에 대한 모택동의 견제와 비판에 의해 비림비공운동과 이를 둘러싼 정치적 음모는 막을 내리게 된다.

---

76) 주화호 외 2인 편찬, 앞의 책, 472 – 475쪽.

3. 반공자운동과 모택동

모택동은 임표가 무장정변을 일으킨 원인을 그가 공자사상을 숭배하기 때문이라고 주장한다. 이로 하여 소위 비림을 비공과 연계하여 비판운동을 전개하였다. 이러한 공자비판 운동은 일찍이 중국에 공산사상이 소개되기 시작한 신문화운동시기부터 시작되었다.

이 시기 이대소는 당시에 발생한 복벽문제가 공자사상의 숭배와 연관이 있다고 주장하며 유교사상에 대해 맹렬하게 비판을 가한다. 비림비공운동은 이러한 반공자운동의 연계 속에서 이해해야 한다.

그러나 이러한 논리는 어릴 때부터 유가경전으로 정신세계를 형성해 간 모택동의 행적으로 볼 때 상호모순이며 이는 자기의 생각과 다르고 정치적 견해가 다른 사람들은 모두 정적으로 판단한 모의 비이성적인 정치적 판단이라 볼 수 있다.

모택동은 일생 동안 부지런히 침식을 잊으면서까지 독서를 즐겼다. 외지로 나가 시찰하고 일하는 경우에도 늘 많은 책을 가지고 다녔다. 1959년 10월 23일 외출할 때 모택동이 가져가야 할 책으로 지시한 목록만 봐도 그 넓고 다양한 분야에 놀라울 정도라고 전해진다.

마르크스, 엥겔스, 스탈린, 레닌 등의 책은 물론 헤겔 등의 저술, 공상사회주의자들의 저술을 비롯해서 순자, 한비자, 24사, 사기, 자치통감, 소명문선 심지어는 그중에 법화경 등 불학서적도 포함해서 대략 수십 책에 달했다고 전해진다.

그러나 이 중 모택동은 자신의 문장과 대화 속에서 가장 많이 인용하는 것은 공자의 사람 됨됨이와 그의 어록인 『논어』이다. 1955년 10월 11일 그는 당 7기 6중전회에서 농업합작화 문제에 대해서 논하면서 "나는 11일 동안 120여 편의 보고서를 보았고 '周遊列國'하였는데 공자보다 더 많은 곳을 갔으며 운남과 신강 일대도 두루 돌아보았다."고 말했다. 또 1964년 모택동은 "신년 좌담회"에서 당면한 교육문제에 대해서 "현재 과목 수가 많아 사람을 죽인다. 과목은 반쯤 줄일 수 있다. 공자 때만 해도 6과목 禮, 樂, 射, 御, 書, 數 등뿐이다. 그래도 유명한 안회, 증삼, 순자, 맹자 등 사대현인을 배출하지 않았는가?"라고 말했다. 또한 그의 논저 중에는 『논어』의 名言警句들을 즐겨 인용했다.

그리고 1938년 당 6기 6중전회에서 모택동은 당원들에게 마르크스레닌주의와 중국 역사를 열심히 학습하도록 학습경시(學習競賽)를 호소했는데 모두 공자의 말씀을 인용해서 "자신에게는 배움을 싫어하지 않고(學而不厭), 다른 사람을 가르치되 피곤한 줄 모르(誨人不倦)는 이런 태도를 지녀야 한다."[77]고 발언하기도 하였다.

모택동은 직접 이 구절을 인용해서 공산당원이 학습에 대해 지녀야 하는 태도에 대해서 언급하였던 것이다.

심지어 모택동은 자신의 딸들의 이름을 지을 때도 『논어』의 말을 인용해서 이민과 이눌이라고 지었다. 모택동은 『논어·이인』편의 "군자는 말은 어눌하지만 행하는 것이 빠르다(君子訥於言而敏於行)"는 구절을 매우 좋아했는데 그는 이 구절을 따라 작은 딸은 "이눌"이라고 짓고, 장녀 "교교"는 후에 "이민"으로 개명했다.[78]

---

77) 『논어·술이』
78) 대지현, 앞의 책, 178-181쪽.

모를 일이다. 수재는 말만 많고 실행이 적은 폐단이 있고 군자는 늘 입으로만 말하고 실행에 옮기지는 않는다고 하였던 그가 이렇게도 공자를 흠모하였단 말인가?

사람의 마음을 안다는 것이 이렇게 어려운 것인가. 족자에 적힌 몇 글자를 들어 임표를 복고를 주장하는 공자파로 몰아붙이면서 정작 본인은 어릴 때부터 공자사상으로 교육을 받았으며 자신의 딸들의 이름도 『논어·이인』편에 나오는 구절에서 빌려온다.

그리고 1949년 공산화 이후에도 그의 수많은 강연활동을 살펴보면 일관되게 공자의 글귀를 인용하고 있는 것을 볼 수 있다. 너무나 행동과 속마음이 다른 것이 아닌가?

이러한 모의 권력욕에서 나오는 정치성향은 초등생들도 권력의 소용돌이에서 한 역할을 하도록 요구할 정도로 무서운 것이었다. 아래는 통구초등학교 사생들의 비림비공운동에 대한 비판운동이다.

"1947년 가을 신학기가 되었을 때 통구초등학교 사생들은 지난 학기 비림비공운동의 경험을 총결산하였으며 또 앞으로 어떻게 진일보하여 비림비공운동을 잘할 것인가를 연구하였다. 사생은 모두 지난 학기의 비림비공운동은 형세가 좋았다고 여겼다. 그러나 어느 때 선생님의 일방적인 지시가 너무 많아 홍소병(紅小兵: 어린 홍위병을 일컬음)의 작용이 많지 않았다.

또 비판은 많았는데 다양한 비판이 적어 학생들의 적극성을 살리지 못하였다. 5학년 3반 반주임은 그가 여름방학 기간에 학생을 조직해 비림비공운동 활동을 한 경험을 소개하였다. ……통구소초등학교 홍소병 학생들의 이러한 다양한 활동은 이 아이들로 하여금 조금이나마 마르크스주의에 대해 알게 하였으며 수정주의를 비판하는 능력을 키워주었다."79)

　이 내용을 통해서 우리는 정치성을 띤 비림비공운동에 초등학생들도 대대적으로 동원되었던 사실과 그리고 원하는 것을 위해서는 아이들까지도 철저하게 정치적 이용물로 이용할 수 있었던 비정한 정치인들의 일면을 살펴볼 수 있었다.

---

79) 『인민일보』, 1975년 2월 18일.

제10장

문혁의 종말

1976년 1월 18일 주은래가 사망하자 전국의 백성들은 자발적으로 애도활동을 벌인다. 주은래가 사망하자 전 국민은 비통함을 느꼈으며 그에 대한 추모활동은 끝이 보이지 않는 군중운동의 성격으로 이어졌다. 4월에 이르러서는 몇 백만의 군중들이 천안문광장의 인민영웅기념비 앞에 모여 화환을 설치하고 애도시를 낭송하며 대규모적인 주은래 추모활동을 벌였다.

4월 4일 청명절에는 애도활동이 극에 달해 200만 군중이 천안문에 모였는데 이 주은래 추모식이 갑자기 4인방에 대한 비판운동으로 번지게 되었고 이에 대해 위기를 느낀 4인방은 철저한 진압을 단행함으로써 소위 천안문사건을 만들어 내게 된다.

이에 이날 4월 4일 저녁 화국봉 주지하에 중공중앙정치국회의가 열려 이 사건을 반혁명사건으로 규정짓는다. 다음날 4월 5일 새벽에는 화환과 표어 등을 치워버린다. 4월 6일 이 사실을 안 군중들은 천안문에서 항의활동을 벌인다. 내용은 주은래 애도활동에 대한 요구, 등소평에 대한 옹호, 4인방에 대한 항의 등이다.

그러자 4월 6일 북경시위 제1서기 오덕은 만여 명의 경찰을 동원해 군중들을 강제 해산시킨다. 4월 7일 중공중앙정치국은 모의 지시에 의해 화국봉을 중공중앙 부주석 겸 국무원총리로 임명한다.

이때 모는 화국봉에게 "네가 하면 내가 안심이다(您做是我放心)"고 하여 사실상 후계자임을 암시한다.

뒤숭숭한 와중에 7월 주덕이 사망했고 당산에서 문혁의 성격을 상징적으로 나타내주는 역사적 대재해인 당산대지진이 발생한다.

당산시는 하북성 동북부에 위치하였고 북경시에서 동쪽으로 160km 가면 있고 천진시와의 거리는 100km 정도이다. 이 도시는 화북에서 유명한 공업도시로서 인구는 100만 정도이고 매광(煤礦)의 도시 혹은 자기의 도시라 칭하여진다.

통계에 의하면 1988년 당산은 공업기업이 2,990개 중소기업이 10만 개, 170여 종의 물건이 국외로 수출되었고 매탄, 야금, 전력, 기계, 자기 기업 등이 주를 이루는 중국의 대표적인 공업도시이다.

1976년 7월 28일 밤 12시 근무교대를 한 이홍의(당산에 있는 255병원 간호사) 간호사는 근무교대를 하고 새벽 3시 30분에 옥외로 나가 나무 밑에서 바람을 쏘였다. 평소에는 사방에서 벌레소리가 들리고 개구리가 개굴대며 시끄러웠는데 이날은 너무나도 조용해서 이상함을 느꼈다.

그런데 갑자기 '쓰' 하는 바람 소리와도 같고 짐승소리 같은 이상한 소리가 났다. 그 소리는 가늘고 가늘어 마치 칼을 하늘로부터 그어 내리는 것과 같았다. 머리를 들어 하늘을 보니 음침하고 이상한 구름이 있었는데 붉지도 않고 자주색도 아닌 비가 올 것과 같은 혼탁한 색상이었다.

이 간호사는 마치 누가 뒤에서 잡는 것 같은 느낌이 들어 앞으로 뛰었고 뛰다가 뒤를 보니 하늘이 환해졌고 마치 불이 난 듯했다. 무서움을 느낀 그녀는 방으로 뛰어 들어갔다. 그때 우우 하는 거대한 소리가 났다.

마치 180대의 자동차가 동시에 출발하는 소리였다. 문득 생각해보니 지난번 창주(滄州)에서 지진이 날 때 이런 소리가 났던 것이 얼핏 생각나 방에서 밖으로 뛰쳐나왔다.

마당으로 뛰어나온 그녀는 큰 나무를 끌어안았는데 끌어안는 동시에 그 큰 나무와 같이 균열된 땅속으로 떨어져 버렸다. 그리고 그녀가 도망쳐 나온 방은 순식간에 사라져 버렸다.[80]

지진 후 헤아릴 수 없을 정도의 많은 이가 건물 속에 매몰되었다. 그중 일부는 기적적으로 구출되기도 하였다.

당시 노계란은 지진 발생 당시 남편을 간호하며 병원에 머물고 있었다. 지진 발생 시 그녀는 침대 밑으로 던져졌고 그곳에서 13일을 지냈다. 생존을 위해 처음에는 오줌을 받아먹었고 나중에는 오줌도 나오지 않았다.

1976년 8월 9일 기적이 일어났다. 상업의원(商業醫院)의 폐허 속에서 2톤이 넘는 콘크리트를 옮겼을 때 46세의 노계란은 기적적으로 13일 만에 구조되었다.[81] 그러나 대부분의 매몰된 사람들은 구조장비의 부족과 당국의 의지부족 등으로 매몰된 채 복구 작업을 하였다.

1976년 당산대지진은 정치 색채가 짙은 대사건이다. 우리의 상식으로는 이해할 수 없는 일이 지진 전후로 발생하였다. 지진 발생 후 세계 각지에서 지진에 대한 보도가 나고 의약품, 의류, 식품, 천막 등을 준비하고 중국정부의 승인을 기다리고 있었다. 그러나 중

---

80) 전강, 『당산대지진』, 산동: 해방군문예출판사, 1986, 23쪽.
81) 전강, 위의 책, 92쪽.

공은 공산당의 힘으로 하겠다는 이름으로 단호히 외국의 원조를 거절하였다.

구조대원들은 폐허에서 가족들을 구조하기에 앞서 인민공사 생산대의 가축을 우선적으로 구조하였다. 그리고 지진 후 3일째부터 정치야학이 시작되었다. 수많은 사람들이 매몰되어 구원의 손길을 애타게 기다리고 있는 긴박한 상황에서 정치학습을 하고 가축을 우선적으로 구조하는 이상한 현상이 벌어진 것이다.

이는 지나치게 정치화되고 이상에 치우친 문혁이 낳은 역사적 비극이다. 당시 지진의 규모는 7.8 정도이며 이 지진으로 인하여 25만 명이 사망하고 17만 명이 중상을 입었다.

인류 역사상 이 정도 규모의 지진에 의하여 이처럼 많은 희생을 당한 경우는 없었다. 여기서 우리가 주목할 점은 당산지진이 정치성을 띠고 있다는 것이다.

당시 중국의 지진국의 지진예보 수준은 높은 수준에 있었다. 예를 들면 1975년 요녕성에서 7.3급의 지진이 일어났을 때 이를 정확히 예측한 적이 있어 세계를 놀라게 한 적이 있었으며 당산지진 전에도 지진을 예측한 지진국에서는 내부적으로 많은 고민을 하였다고 한다.

당시 국가 지진국의 유영용 국장은 증언하길 "나는 지진이란 두 글자를 모른다. 나는 다만 탄과 철을 알 뿐이다. 나는 초등학교만 나온 사람이다." 당시 지진국에서는 지진을 예측해 놓고서 정치적인 문제로 공표를 하지 않았던 것이다.

다시 얘기하면 당산대지진은 미리 알고 있었지만 문혁시기에 경제적인 어려움을 가중시킬 것을 우려하여 또 자신들의 권력유지에 도

움이 되지 않는다는 판단하에 지진예보를 하지 않았다는 것이다.[82]

문혁이 낳은 비극인 것이다.

이 사건을 뒤돌아보면 문혁이 왜 현재에 이르기까지 문제시되고 비판받는지 알 수 있다. 문혁은 공산주의의 이상을 실현한다는 미명 아래 모 자신의 개인적 욕심과 야심을 이루려는 비열한 혁명운동이다.

한 사람 인간의 욕심이 얼마나 많은 사람을 절망의 나락으로 몰아넣었는가? 그러나 그 끝을 알 수 없었던 광기 어린 혁명운동은 결국 모택동의 사망으로 역사 속으로 사라져 버린다. 9월 9일에 모택동이 드디어 사망한다.

::북경의 인민들이 침통한 표정으로 모택동의 죽음을 애도하고 있다.
사진은 인민대회당 앞에서 모택동의 유체와 고별인사를 하기 위해 기다리는 모습.

모택동 사망 후에 4인방 등은 중앙의 지도체계를 무시하고 직접적으로 자신들이 각 성 등에 지휘 명령권을 시행한다. 드디어 1976

---

82) 전강, 위의 책, 206쪽.

년 10월 6일 중공중앙정치국은 4인방(강청, 장춘교, 왕홍문, 요문원)을 심사하고 다음날 중앙정치국은 화국봉을 중공중앙주석 겸 중공군사위원회주석으로 임명함으로써 문혁은 정식으로 결속된다. 4인방 분쇄에 결정적인 역할을 한 인물은 화국봉, 섭검영, 이선념 등이다.

10년 대동란의 주요 세력은 4인방으로 불리는 강청, 왕홍문, 장춘교, 요문원 등이다. 강청은 1915년 산동성 출신이고 1933년 청도에서 중국공산당에 가입하였다. 이후 상해에서 연극과 영화계에서 배우로 활동하다가 1939년 모택동과 결혼하였다.

결혼 후 건국 직전에는 문화부 영화사업 지도위원회위원을 역임하였고 건국 후에는 영부인의 자리에 있으면서 점차적으로 정치에 관여하기 시작하였고 문혁 발동 후에는 그의 본심을 드러내어 중국 사회를 대동란으로 밀어 넣었다.

1976년 모가 위독한 상태로 들어가자 왕홍문은 40만 민병을 동원하여 대포와 소총으로 무장시킨다. 이에 화국봉과 섭검영 등 중앙정치국상무위원들은 위기를 느끼고 4인방을 긴급 체포한다. 이어서 이들은 조사를 받고 수감되며 10월 14일 드디어 중공중앙의 명의로 4인방 분쇄를 선포한다.

10월 20일에는 전문 심사팀을 만들어 그들의 죄행을 철저히 조사하기 시작하였다.

1980년 11월 21일 최고인민검찰원특별검찰청은 『중화인민공화국 공안부의 임표, 강청 등 반혁명집단에 대한 기소 의견서』를 완성하였다. 이 의견서에서는 강청, 장춘교, 왕홍문, 요문원, 진백달, 황영승, 오법헌, 이작봉, 구회작, 강등교 등 10명의 죄인은 범죄 사실이 분명하고 증거도 충분하므로 이들에 대해 기소를 결정하였다.

『최고인민검찰원특별검찰청 기소서』에서 나열한 이들의 죄상은 아래와 같다.[83]

1. 무산계급 전제정치를 전복하려고 책동한 정권이며 또한 당과 국가의 지도자를 박해하고 모함하였다.

2. 중화인민공화국 주석과 중공중앙 부주석 유소기를 박해하고 모함하였다.

3. 강청, 강생은 밀모하여 제8차 중앙위원회 중공구성원을 모함하고 박해하였다.

4. 진백달, 사붙이, 오법헌은 1967년 11월 천진에서 "전단안(傳單案)"을 해결하고 그 뒤 배경을 추적한다는 이름으로 당과 국가지도자들을 모함하고 박해하였다.

5. 강생과 그의 부인 조일구는 중공중앙 조직책임자 곽옥봉을 사주하여 1968년 8월 13일 『중앙감위위원 정치정황의 보고』를 작성케 하여 중공8차 중앙감찰위원회 60명 위원과 후보 위원 중 37명을 반역자, 스파이, 반혁명수정주의 분자로 모함하였다.

6. 강생과 조일구는 곽옥봉에게 지시하여 1968년 8월 27일 『3차 전인대 상임위원회 정치상황 보고』를 날조케 하여 전국 전인대 상임위원회 중의 60명을 반역자, 반역자 혐의, 스파이, 스파이 혐의, 반혁명 수정주의 분자, 주자파, 삼반분자, "큰 문제가 있다"로 나누어 모함하였다.

7. 강생과 조일구는 곽옥봉에게 지시하여 1968년 8월 27일 『제4차 정협 상위위원 정치상황 보고』를 날조하여 159명의 정협 상위위원 중의 74명을 반역자, 반역자 혐의, 스파이, 스파이 혐의, 국민

---

83) 주화호 외 2인 편찬, 앞의 책, 524-529쪽.

당 스파이, 반혁명 수정주의 분자로 매도하였다.

8. 중공중앙부주석·국무원총리 주은래를 모함하고 박해하였다.

9. 중공중앙정치국상무위원, 총서기·국무원부총리 등소평을 모함하고 박해하였다.

10. 중공중앙정치국위원, 국무원부총리, 중공중앙 군사위원회 부주석 진의를 모함하고 박해하였다.

11. 중공중앙정치국위원 팽덕회를 모함하고 박해하였다.

12. 중공중앙정치국위원·국무원부총리·중공중앙 군사위원회 부주석 하용을 모함하고 박해하였다.

13. 중공중앙정치국위원·중공중앙 군사위원회 부주석 서향전을 모함하고 박해하였다.

14. 중공중앙정치국위원·국무원부총리·중공중앙 군사위원회 부주석 聶榮臻을 모함하고 박해하였다.

15. 중공중앙정치국위원·중공중앙서기처 서기·중공중앙 군사위원회 부주석 섭검영을 모함하고 박해하였다.

16. 중공중앙정치국 후보위원, 중공중앙서기처, 국무원부총리, 중공중앙 선전부 부장 육정일을 모함하고 박해하였다.

17. 중공중앙정치국 후보위원·국무원부총리·중국인민해방군 총참모장 나서경을 모함하고 박해하였다.

18. 임표와 강청 등 반혁명 집단 및 그 계파는 상기한 3, 4, 5, 6, 7에서 예를 든 것 외에 중공중앙 그리고 국무원 각 부, 각 위원회, 중공 각 성, 자치구, 직할시 위원회, 인민정부 주요 책임자, 중국인민해방군 고급간부를 모함하고 박해하였다.

19. 중공중앙 조직부의 간부지도자들을 탄압하고 박해하였으며

중공중앙의 조직대권을 찬탈하였다.

20. 공안보위 부문과 검찰기관·법원의 지도자 간부를 모함하고 박해하였다.

21. 1967년 1월 임표는 "중앙문혁소조" 구성원인 관봉과 왕력 등이 제출한 군내에서 자본주의의 길을 가려는 집권파를 철저히 가려내야 한다는 문건에 완전히 동의함으로써 군대 내의 혼란을 조성하였다.

22. 임표와 강청 등 반혁명집단은 진백달과 요문원을 통하여 무산계급전제정치 정권을 전복해야 한다고 선동하였다.

23. 임표, 강청, 강생, 사부치 등의 지시와 책동하에 중공 북경시 위 서기 유인 및 북경시 부시장 오함 등을 스파이·반역자·반혁 명 수정주의 분자·반동자본가·반동 학술권위로 매도하였다. 이 중 몇 사람은 박해를 받아 죽었다.

24. 1968년 1월 장춘교와 요문원은 중공상해시위를 "자산계급의 완고한 보루", "검은 무리"로 모함하였고 상해시위 제1서기 진비현 및 상해시위서기와 시장 조획추 등은 모함과 박해를 받았으며 이 중 조획추와 부시장 김중화는 박해를 받아 죽었다.

25. 1967년 12월 진백달의 선동하에 기동원안(산동성 동쪽 원통한 안건)을 날조하여 기동 지역의 당원과 간부 군중 8만 4천 명이 모함과 박해를 받았으며 이 중 2,955명이 박해를 받아 죽었다.

26. 1968년 1월 21일 강생과 사부치의 선동하에 "조건민 스파이 안건"을 날조하여 운남의 수많은 간부와 군중이 모함과 박해를 받았으며 이 중 1만 4천 명이 박해를 받아 죽었다.

27. 강생 등은 소위 "내인당(內人黨)"을 이용하여 내몽고에서 많

은 간부와 군중을 박해하고 모함하였다. 이 결과 민족의 단결을 파괴하였고 34만 6천 명의 간부와 군중이 모함과 박해를 받았으며 이 중 16,222명이 박해를 받아 죽었다.

28. 1967년 강생 등은 "신강성 반역자 집단안건"을 날조하여 1942년 9월 신강군벌 성세재에 의해 체포된 중공간부 131명을 반역자 집단으로 모함하여 이 중 92명 간부가 박해를 받았고 이 중 26명이 박해를 받아 죽었다.

29. 1967년에서 1979년에 이르기까지 임표와 강청 등 반혁명 집단은 "동북방(東北幇)" 반당 반혁명 집단 90인의 원통한 안건을 날조하였다.

30. 임표와 강청 반혁명 집단은 항일전쟁과 해방전쟁기간에 북경, 상해, 천진, 광주, 사천, 운남과 전국 각 지방의 지하당조직인 "초항납반(招降納叛)"을 국민당, 반란당, 미국과 장개석의 별동대로 모함하였고 또 수많은 지하의 당 지도자와 당원과 군중을 반역자, 일본 스파이, 미국 스파이, 간첩, 반혁명으로 날조하고 모함하였다.

31. 임표 반혁명집단은 중국 인민해방군에서 수많은 원통한 안건을 날조하여 8만 명이 모함과 박해를 받았고 이 중 1,269명이 박해를 받아 죽었다.

32. 1966년 12월 28일 장춘교는 상해시의 "노동자적위대(勞動者赤衛隊)" 군중조직을 진압하기 위하여 상해시위 당정영도권을 탈취하였고 또 북경에서 부인 이문정에게 전화를 걸어 무투(武鬪)사건을 책동하였다. 그리고 장춘교의 지시하에 왕홍문은 진상을 알 수 없는 군중을 조직하고 지휘하여 "공인적위대"를 공격하여 91명이 부상을 당하였다. 1967년 8월 4일에는 왕홍문의 책동하에 "상

해 석유공장 혁명 조반 연합사령부"를 공격하였다.

33. 1967년 5월 장춘교와 요문원은 산동성 제남에서 산동성 혁명위원회 주임 왕효우가 군중을 진압하는 것을 지지하였다.

34. 1966년 10월 강청은 섭군과 결탁하고 강등교에게 지시하여 상해 문예계 인사의 집을 수색하고 조사하였다.

35. 1967년 장춘교는 상해에서 반혁명 스파이 조직 "유설도 소조"를 조직하여 전문적으로 감금, 몰수, 납치, 추적, 비밀 정보수집 활동 등 파시스트 식 스파이 활동에 종사케 하였다.

36. 1974년에서 1976년까지 강청, 장춘교, 요문원은 지군과 사정의에게 청화대학을 활동거점으로 삼아 각지에 있는 반혁명 파벌들과 비밀리에 연락하여 정보를 교환하고 한편으로는 『주자파가 아직도 가고 있다』와 『상황 반영』을 작성케 하여 당정군 간부들을 모함하였다.

37. 임표와 강청 반혁명 집단 및 그 추종 파벌들의 지휘와 선동 하에 전국에서 억울한 옥살이를 하고 박해를 받은 사람들은 그 수를 헤아리기가 힘들다.

38. 1969년 10월 임표는 오법헌에게 지시하여 임표의 아들 임립과를 공군사령부 사무실 부주임 겸 작전부 부부장으로 임명케 하였다. 1970년 10월에는 임립과를 우두머리로 하는 "연합함대"를 결성하였다. 이 연합함대는 임표가 모택동을 음해하고 반혁명 무장정변을 책동했을 때 핵심역량이었다.

39. 1970년 9월 이후에 임표는 반혁명 무장정변의 준비에 박차를 가하였으며 1971년 3월 21일에서 24일 사이에 반혁명 무장정변 계획인 『"5.71공정" 기요』를 제정하였다.

40. 1971년 9월 5일 밤 주우지와 우신야는 고동주에게 전화를 걸어 모택동이 장사에서 책임자들과 담화한 내용을 알아내고 임표와 섭군에게 비밀리에 알려주었다. 임표와 섭군은 이 소식을 듣고 모택동을 살해할 계획을 실행에 옮기기로 결정하였다.

41. 1971년 9월 11일 음모를 눈치 챈 모택동은 상해에서 북경으로 돌아온다. 임표 등의 모택동 암살계획은 수포로 돌아가고 황용승, 오법헌, 이작붕, 구회작 등은 광주로 도망가 별도로 중앙을 건립하니 국가는 분열된다. 1971년 9월 13일 임표 등은 비행기로 몽고를 향하다가 추락하여 사망한다.

42. 임표사건 후 1971년 9월 13일 황용승 등은 임표 반혁명집단의 죄행을 감추기 위하여 그들과 임표 그리고 섭군과 주고받은 편지 및 자료 그리고 사진 등을 소각하였다.

43. 1967년 7월 장춘교는 그 자신이 심사해 결정한 보고 중에서 "총대로서 펜대를 보위하는 혁명"이라고 하고 왕홍문에게 상해에서 무장역량을 건설하였다.

44. 1976년 8월 요문원은 친히 『홍기』 잡지에 발표된 "노동자 민병의 건설을 강화하자"는 글 중의 "당내의 자산계급 세력과 투쟁을 진행하자" 등의 내용을 수정하고 심사하여 결정하였다.

45. 1976년 8월 남경부대 사령원 정성이 상해로 와서 마천수와 야밤에 밀담하여 총 74,220정, 포 300문, 각종 탄약 1,000여 만 발을 나누어 주어 무장반란을 위하여 구체적으로 준비하였다.

46. 1976년 10월 6일 강청, 장춘교, 요문원, 왕홍문 등 4인방이 분쇄된 후에 상해에서 그들의 추종세력들은 무장반란을 획책하였다.

최고인민검찰원 특별검찰청은 『중화인민공화국 형법』 제9조에 근거하여 임표와 강청 등 10명은 『중화인민공화국 형법』을 저촉하였다고 판결하였다. 이들의 죄를 나열하면 국가전복죄, 국가분열죄, 무장반란죄, 반혁명살인죄, 상해죄, 반혁명 무고상해죄, 반혁명집단을 조직하고 영도한 죄, 반혁명 선전선동죄, 불법감금죄 등이다.

1981년 1월 20일 최고인민법원 특별법정은 전체심판인원회의를 개최하였다. 그리고 임표와 강청 등 반혁명집단에 대한 판결문에 대해 토론을 진행하였다. 1월 25일에는 최고인민법원 특별법정은 임표와 강청 등 반혁명집단 10명에 대해 판결을 선언하였다. 강화 심판위원장이 개정을 선포한 이후 10명의 죄인들은 심판대 앞으로 끌려나왔다. 강화위원장은 "중화인민공화국 최고인민법원 특별법정 판결서"를 선독하였다.

『중화인민공화국 형법』 제92, 98, 102, 138조 규정에 근거하여 강청은 정부전복음모죄, 반혁명집단을 조직하고 영도한 죄, 반혁명 선전선동죄, 무고상해죄에 해당되어 사형에 처하며 집행유예 2년과 정치 권리는 평생 박탈한다(강청의 형은 1983년에 무기징역으로 감해졌음).

『중화인민공화국 형법』 제92, 93, 98, 103조 규정에 근거하여 장춘교는 정부전복음모죄, 무장반란책동죄, 반혁명집단을 조직하고 영도한 죄, 반혁명 선전선동죄, 무고상해죄에 해당되어 사형에 처하며 집행유예 2년과 정치 권리는 평생 박탈한다(장춘교의 형은 1983년에 무기징역으로 감해졌음).

『중화인민공화국 형법』 제92, 93, 98, 101, 103조 규정에 근거하여 왕홍문은 정부전복음모죄, 무장반란책동죄, 반혁명집단을 조직하고 영도한 죄, 반혁명살인죄, 무고상해죄에 해당되어 무기징역에 처하며 정치 권리는 평생 박탈한다.

『중화인민공화국 형법』 제92, 98, 102, 138조 규정에 근거하여 요문원은 정부전복음모죄, 무장반란책동죄, 반혁명집단을 조직하고 영도한 죄, 반혁명 선전 선동죄, 무고 상해죄에 해당되어 20년 형에 처한다. 이 외 진백달과 황용생은 18년 형을 받았고 오법헌은 17년, 이작붕은 17년, 구회작은 16년, 강등교는 18년이 선언되었다. 형이 확정되자 강화위원장은 10시 50분 폐정을 선언하였다. 그러자 참관하였던 1,200여 명 대표들은 뜨거운 박수를 치며 의미심장한 지지의 뜻을 표하였다.[84)]

모택동의 문혁에 대한 의지는 확고하였다. 모는 수차례에 걸쳐 "문화대혁명을 여러 번 해야 한다."[85)]고 피력하였다. 따라서 문혁의 평가문제에 있어 모택동이 그 중심에 있다는 것은 분명한 사실이다.

문혁 중에 모택동과 그 일파 4인방은 중국역사의 흐름을 인위적으로 가로막았으며 또 헤아릴 수 없는 폭정을 행하여 중국사회의 대혼란을 야기하였으며 이후 중국의 경제는 회복이 힘든 지경에 처한다.

지나가버린 역사라고 하기에는 남은 상처가 너무나도 크고 깊지 않은가? 溫故知新, 鑑往知來라고 하지 않았는가? 우리는 마땅히 아프고 슬픈 문혁의 역사를 통하여 교훈으로 삼아야 할 것이다.

---

84) 주화호 외 2인 편찬, 앞의 책, 543쪽.
85) 축정훈, 『이덕생재동란세월』, 북경: 중앙문헌출판사, 2008, 371쪽.

제11장

마치는 말

사람이 이 세상을 사는 이유가 무엇인가? 결국은 행복한 삶을 살기 위한 것이 아닌가. 인간이 살아가는 데 기본적인 요소인 먹고 사는 문제가 해결되지 않고 살아가는데 생활의 정취를 느낄 수 없는데 누가 행복감을 느끼고 살아갈 수 있는가.

죽지 못해 산다고 말한다. 19세기 초반에 이르러 중국 사회는 서구 제국주의 세력들의 경제적 수탈과 군사력을 앞세운 정치적 침략과 지배로 많은 시련을 겪는다.

길고도 긴 시간이었다. 엄마가 자식을 먹었다. 유명한 일화가 있지 않은가? 달라이 라마의 모친이 자기 앞을 지나가는 어떤 여인이 죽은 자신의 아이를 업고 가는 모습을 보고 그 연유를 물으니 그녀의 대답은 배고플 때 먹으려고 업고 다닌다고 대답하였다

이처럼 지루하고 힘든 역사적 역정을 몸과 마음으로 느끼고 깨달은 모택동은 인민들의 먹고사는 문제에 대해 매우 중시하여 "세계에서 무슨 문제가 가장 큰 문제인가? 그것은 바로 먹고사는 문제이다."[86]고 한 적이 있다. 이같이 모택동 역시 중국혁명의 가장 큰 관심사를 인민들의 먹고사는 문제에 두었던 것이다. 그러나 모택동과 4인방의 권력욕에서 나온 정치경제정책은 우리의 상상력을 넘어설 정도로 이해할 수 없었다.

---

86) 대지현, 앞의 책, 21쪽.

참담하였다. 문혁이 끝나고 살펴보니 중국의 정치, 경제, 사회, 문화는 수습할 수 없을 정도로 망가져 있었다. 국가헌법은 기능을 잃었고, 전국의 고급 간부 중 75%가 안건과 연루되어 심사받았다. 전국에서 한을 품고 사망한 자만 2천만 이상이다.

경제는 붕괴되었다. 문혁 때 시골에서 노동에 종사했던 지식청년들은 "고기가 어떤 모양인지 거의 잊을 뻔했다. 배불러서 죽은 귀신이 되는 것도 역시 좋다."[87]고 말하였다고 한다. 인민들은 굶주림에 이성을 잃어버렸다. 역사는 진보하고 있는데 모택동은 지식인을 적대시하고 폐쇄와 고립정책을 취함으로써 중국의 사회경제 발전은 정체되었고 이 결과 중국은 세계 속의 후진국의 자리로 몰락하였다.

학교는 마비되었다. 사람들은 더 이상 서로를 믿지 못하게 되었다. 연인 사이든 부모와 자식 간이든 서로간의 믿음을 잃어버렸다. 이러한 상호간의 불신풍조는 문혁이 지나간 후에도 뿌리 깊게 중국 사회에 자리 잡게 된다.

누가 책임질 것인가? 마음속 깊이 자리 잡고 있는 마음속의 상처는 누가 달래줄 수 있는가? 千秋의 한을 남기고 죽어간 영혼들은 누가 해원하여 주겠는가? 지나간 일이라고…….

마르크스는 "존재가 의식을 결정한다."고 정의하였다. 이는 마르크스 철학에서 물질과 정신과의 상관관계를 규정하는 중요한 정의이다. 인간의 본성문제를 논할 때도 성선설보다는 인간과의 사회관계 속에서 본성문제를 생각해야 한다는 유물론도 같은 관점에서 보아야 한다.

---

87) 한소공, 앞의 책, 132쪽.

작가가 작품 활동을 할 때에 필요한 상상력 역시 이러한 이유에서 본다면 그가 겪어온 현실세계의 반영일 뿐인 것이다. 우리가 현실을 살아가면서 행동하는 행위도 결국에는 자신이 현실세계에서 접촉한 것이나 혹은 그 세계에서 발견한 물질의 애증의 결과물이라 할 수 있다.

중국혁명의 절친한 동지이며 생사고락을 같이했던 그의 친구 유소기를 주저 없이 매정하게 한순간에 사지로 몰아넣으면서 모가 들이대는 이유는 유소기가 자산계급사상을 띤 변절자라는 것이다. 철저한 공산주의자로서 죽으면서도 자신이 죽어 5대양을 다니면서 세계가 공산화되는 것을 볼 수 있도록 바다에 뼛가루를 뿌려달라고 한 사람이 바로 유소기이다. 그가 어찌 자산계급의 사상을 지닌 사람이며 비판의 대상이 되어야 하는가?

그들은 괴상한 이유를 들이대면서 순진한 인민들을 주자파니 혹은 악질반동분자로 모함하였으며 사람들에게는 현재의 고통은 과거에 비해 행복한 것이라며 온갖 억측을 쏟아 내었다.

이처럼 이해할 수 없는 모의 정치행적은 단지 권력욕에서 일어난 정치투쟁으로 보는 것이 비교적 합리적이다. 이런 의미에서 본다면 그렇게도 "주자파"니 혹은 공자사상에 심취하여 복벽하고 복고하려는 "자산계급의 사상"을 띤 반동분자들의 숙청을 외쳤던 본인 역시도 진정한 공산주의 이론에 충실한 진정한 공산주의자라고 할 수 없다.

모택동은 1893년 12월 26일 호남성 상담현 운산충에서 태어났으며 가난한 환경에도 불구하고 8세부터 13세까지 운산육소사숙에서 유교의 사서오경을 숙독하였다. 이러한 그의 학문적 배경은 그가 위대한 혁명가이며 전략가이며 이론가로서 중국사회주의 사업의 성공을 이끈 커다란 원동력이 되었던 것도 사실이다.

그러나 또한 한편으로는 이러한 학문적 배경이 모로 하여금 진정한 공산주의자가 되지 못하고 진시황이 되고 독재자가 되기를 갈구했던 원동력이 되었던 것도 사실인 것이다. 이것이 바로 위대한 혁명가 모택동의 한계였다. 그렇지 않다면 문혁시기에 그의 행적을 설명할 방법을 찾을 길이 없다.

모든 중국인민이 진정한 무산계급이 되기 위해서는 철저한 인간개조가 필요하다고 하였던 모택동은 정작 인간개조가 필요한 사람은 바로 본인이었다는 사실을 아마도 알고 있었을 것이다

소련의 10월혁명 승리 후, 레닌은 집권세력 간부가 어떠한 특권을 가지는 것에 대해 경계하였다. 레닌 본인도 청렴결백하고 부단히 노력하는 분투 정신의 모범이었다. 국내 전쟁이 매우 격렬한 시기에 레닌은 노동자와 함께 검은 빵과 배춧국을 먹었으며 전혀 특별 취급을 받지 않았다. 한번은 종업원이 레닌에게 빵 한 쪽을 더 주었더니 즉시 반환되었고 그와 동시에 그 종업원은 총무처로 보내져 처분을 받았다고 한다.

모택동 정권의 초기에는 모택동 역시 각고의 노력을 통하여 간부들이 직권을 이용하여 개인 이익을 꾀하지 못하도록 하였으며 자신도 인민을 위한 삶을 살려고 노력하였고 또한 부패하고 타락하지 않도록 노력하는 듯하였다.

그러나 그는 만년에 스탈린의 전철을 밟아 과도하게 민심을 벗어나는 정책을 전개한다. 그는 독단적으로 정책을 결정하였고 평생의 고락을 같이하였던 혁명동지를 조금의 주저함도 없이 내버렸으

며 충언은 멀리하고 간언은 귀 기울여 그의 주변에는 다른 사람을 비판해서 이름을 알리고 다른 사람의 어깨를 밟아 무대에 오르려고 하는 자들뿐이었다. 결과적으로 그의 귀에 들리고 눈에 보이는 것은 모두 이상적인 태평성세식의 송덕노래만으로 넘쳐났다.

부 록

『건국 이래 당의 약간의 역사문제에 관한 결의문』

1981년 6월 27일 중공 제11기 6중 전회(중국공산당 제11기 중앙위원회 제6차 전체회의)에서는『건국 이래 당의 약간의 역사문제에 관한 결의문』을 채택하였다 이 결의문에서는 10년간의 대동란인 문혁에 대해 역사적 규명을 하였다. 이 결의문이 채택됨으로써 중국이 나아갈 길이 분명이 제시되었다. 이하 관계 내용을 번역하여 소개한다.

1. 1966년 5월에서 1976년 10월 사이에 진행된 문화대혁명은 당(공산당)과 국가 그리고 인민에게 건국 이래 가장 엄중한 좌절과 손실을 안겨다주었다. 이 문화대혁명은 모택동 동지가 발동하고 영도한 혁명이었다. 그가 문혁을 발동한 주요 논점은, 수많은 자산계급의 대표 인물과 반혁명의 수정주의분자들이 이미 당과 정부 그리고 군대와 문화 영역 등 각계에 섞여 들어가 매우 많은 다수의 단위(單位) 영도권이 마르크스주의자와 인민 군중 수중에 있지 않게 되었다.

당내에서 자본주의의 길을 가려는 권력을 잡은 사람들은 하나의 자산계급 사령부를 형성했다. 그들은 수정주의 정치노선과 조직노선이 있어 각 성과 시 자치구, 중앙 각 부문에는 모두 그들의 대리인이 있다. 과거의 각종 투쟁은 문제를 모두 해결할 수 없다. 단지 문화대혁명을 통해 공개적이며 전면적이며 아래에서 위로 광대한 군중을 동원해야만 상술한 암흑의 측면을 파헤쳐야만 주자파에 의해 빼앗긴 권력을 되찾아올 수 있을 것이다. 이는 실질적으로 한 계급이 한 계급을 전복시키는 정치대혁명인 것이다.

이러한 논점은 문화대혁명의 강령이 된 "5.16통지" 당의 9대 정치보고 중에 주로 나타난다. 모택동 동지가 발동한 문화대혁명의 이러한 좌경사상을 띤 잘못된 논점은 분명히 마르크스레닌주의의 보편적 원리와 모택동 사상의 궤도에서 분명히 벗어난 것이었다. 따라서 반드시 문혁의 주도세력과 모택동 사상과는 완전히 구분해서 이야기해야 할 것이다. 모택동 동지에 의해 중용되었던 임표, 강청 등의 반혁명집단은 모택동 동지의 잘못을 이용하여 모택동을 등에 업고 나라에 화를 부르고 국민에게 재앙을 주는 대량의 罪惡스런 활동들을 자행하였다. 이는 완전히 별도의 성질을 띤 문제인 것이다. 그들의 반혁명 죄행은 이미 충분히 밝혀졌다. 따라서 본 결의에서는 실제 예를 많이 논하지는 않을 것이다.

2. "문화대혁명"의 역사는 이미 모택동 동지가 발동한 문화대혁명의 주요 논점이 마르크스레닌주의와 부합하지 않으며 역시 중국의 실제상황과 부합하지 않는다는 것을 증명하였다. 이러한 논점은 당시 중국의 계급 형세 및 당과 국가정치 상황에 대해 완전히 잘못

생각한 것이다.

1) "문화대혁명"은 수정주의노선 혹은 자본주의의 길과의 투쟁이라고 말하는데 이러한 설법은 사실에 바탕을 둔 것이 아니며 아울러 이는 이론과 정책상에 있어 시비를 잘못 이해한 결과이다. "문화대혁명" 중에 수정주의 혹은 자본주의로 비판받은 수많은 것들은 실제로는 마르크스주의의 원리이며 사회주의의 원칙인 것이며 그중의 많은 내용은 모택동 자신이 과거에 제출한 것이나 혹은 지지했던 이론인 것이다. "문화대혁명"은 건국 이래 17년 동안 이루어낸 대량의 정확한 방침과 정책과 성취를 모두 부정하였다. 심지어는 모택동 동지 자신을 포함하여 당 중앙과 인민정부의 사업을 부정하였으며 또한 전국의 각 민족의 인민들이 일구어낸 사회주의의 힘든 역정과 분투도 부정하였다.

2) 상술한 내용은 시비의 혼돈이며 이는 반드시 적과 나의 혼돈을 가져오게 된다. "문화대혁명" 시기에 타도의 대상인 "주자파"는 당과 국가의 각급 조직 중의 지도자간부 즉 사회주의 사업의 중심 역량이다. 당내에는 근본적으로 소위 유소기, 등소평을 우두머리로 하는 "자산계급사령부"가 존재하지 않았다. 유소기 동지를 압박했던 소위 "반역자", "스파이", "노동자의 적" 등의 죄명은 완전히 임표와 강청 등의 모함에 의해 날조된 것이다. 8기 12중 전회에서 유소기 동지에게 대했던 정치결론과 조직처리는 완전히 착오였다. "문화대혁명" 시기의 소위 "반동적인 학술권위"의 비판은 수많은 재능 있고 성취가 있는 지식인들을 타격하고 박해하는 결과를 낳게 하였다. 또한 엄중하게 적과 나를 혼돈하는 결과를 낳게 되었다.

3) "문화대혁명"은 명의상으로는 직접적으로 군중을 의지하였으나 실제에 있어서는 광대한 군중과는 벗어난 운동이었으며 또한 당 조직과도 벗어난 운동이었다. 이 운동이 시작된 이후에 당의 각급 조직은 보편적으로 충격을 받았으며 아울러 마비와 반 마비 상태에 빠졌다. 그리고 당의 각급 지도자 간부는 보편적으로 비판과 투쟁을 받았으며 많은 당원들은 조직생활이 정지되었으며 당이 장기적으로 의지하여온 많은 지식인들과 군중들은 배척을 받았다.

"문화대혁명"은 초기에 운동에 휩쓸린 대다수 사람들은 모택동 동지와 당의 신뢰에서 출발한 것이었다. 그러나 이들 중에 극소수 분자를 제외하고는 당의 각급 지도자 동지들에 대해 잔혹한 투쟁을 진행하는 것을 찬성한 적이 없었다. 이후에 그들은 서로 다른 곡절의 길과 깨달음을 얻은 후에 점차적으로 문화대혁명에 대하여 회의와 관망의 태도 혹은 반대의 태도를 취하기 시작하였다. 이에 많은 사람들이 서로 다른 정도의 타격을 받았다.

이상 이들 상황은 불가분 기회주의자들과 야심가들 그리고 음모자들에게 틈을 주게 되어 그중 적지 않은 사람들이 중요한 그리고 혹은 매우 중요한 지위에서 자리를 차지하게 되었다.

4) 문화대혁명은 어떠한 의의에서도 혁명이나 사회진보도 아니며 그럴 수도 없는 것이다. 근본적으로 무슨 "적을 어렵게 한다"고 하는데 오히려 자신을 어렵게 할 뿐이었다. 따라서 처음부터 끝까지 "天下大亂"에서 "天下大治"를 이룬다는 것은 있지도 않았으며 있을 수도 없는 것이었다. 중국에서 인민민주 전정의 국가정권 건립 이후에, 게다가 사회주의 개조가 기본적으로 완성되고 착취계급이 소멸된 이후에 사회주의 혁명의 임무는 비록 완성되지 않았으나

그러나 혁명의 방법과 내용은 과거와는 근본적으로 다른 것이다. 당과 국가조직 사이에는 확실히 모종의 어두운 면이 존재하고 있었다. 이에 대해서는 당연히 적절한 예측과 헌법을 이에 맞게 운용하며 또한 법률과 당의 규정에 맞게 조치를 취하여 해결하면 되는 것이다. 절대로 문화대혁명시기의 이론과 방법을 채택해서는 안 되는 것이다. 사회주의의 조건 아래에서 진행되어온 소위 "하나의 계급이 하나의 계급을 타도한다."는 이러한 정치 대혁명은 경제기초도 없을 뿐 아니라 정치기초도 없었다. 이러한 상황에서는 어떠한 건설적인 강령도 반드시 제출할 수 없으며 단지 심각한 혼란과 파괴 그리고 후퇴만 있을 뿐인 것이다.

문화대혁명은 지도자의 잘못으로 발동한 운동이며 또 반혁명집단에 의해 이용되어 당과 국가 그리고 각 민족과 인민에게 심각한 재난을 가져오게 한 내란이었다.

3. "문화대혁명"의 과정은 3단계로 나눌 수 있다.

1) 1단계는 "문화대혁명"의 발동에서 1969년 4월 개최된 당의 제9차 전국대표대회에 이르기까지이다. 1966년 5월 중앙정치국확대회의와 동년 8월에 개최된 8기 11중전회의 개최는 문화대혁명의 전면적 발동의 표지이다. 이 두 번의 회의를 통하여 『5.16통지』와 『무산계급의 문화대혁명에 관한 결정』이 통과되었으며 소위 "팽진, 나서경, 육정일, 양상곤 등의 반당 집단"과 소위 "유소기, 등소평 사령부"에 대해 잘못된 투쟁을 진행하였다. 그리고 당의 중앙 지도자 기구에 대해 잘못된 조직개편을 단행하여 "중앙문혁소조"를 성립하였고 이 소조로 하여금 중앙의 대부분 권력을 장악케 하였다.

모택동 동지의 잘못된 좌경사상으로 촉발된 개인의 영도권 확립은 실제로 당 중앙의 집단지도체제를 대신하게 되었다. 이 당시 모택동 동지에 대한 개인숭배는 미친 듯한 열정으로 전개되었다. 임표, 강청, 강생, 장춘교 등 주요 인물들은 "중앙문혁소조"의 명의를 이용하여 기회를 틈타서 "타도일체"와 "전면내전"의 구호로 선동하였다. 1967년 2월 전후에 담진림, 진의, 섭검영, 이부춘, 이선념, 서향전, 섭영진 등의 정치국과 군사위원회의 지도자 동지들은 서로 다른 회의에서 문화대혁명의 잘못된 방식에 대해 강렬한 비평을 진행하였다. 그러나 이에 대하여 이들은 "2월 역류"로 무고되어 압제와 타격을 받았다.

주덕과 진운 동지 역시 잘못된 비판을 받았다. 각 부문과 각 지방의 당정 지도자 기구는 거의 모두 탈권되거나 조직이 개편되었다. 인민해방군을 파견하여 실행한 3지 양군(지좌, 지공, 지농, 군관, 군훈)은 당시의 혼란한 상황하에서는 필요한 것이었으며 정국을 안정시키는 데 적극적 작용을 하였다. 그러나 역시 소극적 결과를 낳기도 한 것은 사실이다. 당의 9대는 문화대혁명의 잘못된 이론과 실천을 합법화시켰으며 임표와 강생과 강청 등의 당에서의 위치를 강화시키는 역할을 하였다. 9대는 사상상, 정치상, 조직상에 있어 지도방침이 모두 잘못된 것이었다.

2) 2단계는 당의 9대에서 1973년 8월 당의 제10차 전국대표대회까지이다. 1970년에서 1971년간에 임표 반혁명집단이 음모하여 최고 권력을 탈취하고 반혁명 무장정변을 책동하는 사건이 발생하였다. 이는 문화대혁명이 당을 전복하려는 기본적인 원칙의 결과이며 객관적으로는 문화대혁명의 이론과 실천의 실패를 선고한 것이었

다. 모택동과 주은래 동지는 기지를 발휘하여 이번의 무장정변 책동을 분쇄하였다. 주은래 동지는 모택동 동지의 지지하에 다시 중앙의 일상 업무를 수행하였으며 각 방면의 업무도 전기를 마련하였다. 주은래 동지는 1972년에 임표를 비판하는 과정 중에 정확하게 극좌의 흐름을 비판하는 의견을 제출하였다. 이는 1967년 2월 전후에 많은 중앙의 지도자 동지가 문화대혁명의 정확한 역사적 규정을 요구했던 일의 연속선상에서 보아야 한다. 그러나 모택동 동지는 여전히 당시의 임무는 극우사상을 반대하는 것이었다고 잘못된 판단을 내린다. 당의 10대는 여전히 계속해서 9대의 잘못을 주장했으며 아울러 왕홍문으로 하여금 당중앙의 부주석을 담당케 하였다. 강청, 장춘교, 요문원, 왕홍문 등은 중앙정치국에서 소위 4인방을 결성하여 이에 강청 등의 반혁명 집단의 세력은 더욱더 강화되었다.

3) 셋째는 당의 10대에서 1976년 10월까지이다. 1974년 초에 강청과 왕홍문 등은 소위 "批林批孔"운동을 전개할 것을 제안하였다. 같은 지방과 단위인데도 임표 반혁명 집단의 음모활동과 관계있는 人事들에 대한 조사 결과는 같지 않았다. 강청 등이 주목한 사람은 다름 아닌 주은래 동지였기 때문이었다. 모택동 동지는 먼저 소위 "批林批孔"운동을 전개할 것을 비준하였는데 가만히 보니 강청 등이 이 기회를 틈타서 권력을 잡으려는 움직임을 보이자 그들에 대해 엄한 비평을 하였다. 그리고 이어서 그들을 "4인방"으로 선포하고 강청은 당 중앙의 주석이 되려는 야심이 있다고 이야기한다. 1975년 주은래 동지의 병세가 위독하여 주은래 동지는 모택동 동지의 지지하에 중앙의 일상적 업무를 주지하였고 군사위원회 확대

회의와 공업, 농업, 교통, 과학기술 방면 등의 문제를 해결하는 중요회의를 개최한다. 산적한 업무에 대해 손을 대서 정돈하기 시작하였고 형세는 분명히 호전되기 시작하였다. 그러나 모택동 동지는 등소평 동지가 문화대혁명을 계통적으로 규정하는 것을 용인하지 않았다. 그리고 이어서 "비등운동과 우경 번안풍운동"을 전개하였다. 이에 전국은 다시 혼란에 빠진다. 주은래 동지는 당과 인민에 대해 무한한 忠誠을 한 결과 몸은 야위고 고달팠다. 주 동지는 문화대혁명 기간 중에 매우 힘든 위치에 있었다. 그는 대국을 돌보아야 하는 막중한 임무를 지고 있었으며 또 당과 국가의 정상적인 업무를 진행하기 위해 문화대혁명으로 인한 손실을 감소시키기 위해 많은 당 내외의 간부를 보호하기 위하여 심혈을 기울여 끝없는 노력을 하였다. 그는 임표, 강청의 반혁명집단과 각종 형식의 투쟁을 진행하였다. 주은래 종지의 죽음은 전당과 전국 각 민족의 무한한 비통함을 야기하였다. 종년 4월 사이에 전국적으로 천안문광장을 중심으로 한 애도활동이 전개되었으며 아울러 4인방을 반대하는 강력한 항의활동이 전개되었다. 이 운동은 실질적으로는 등소평 동지를 중심으로 한 당의 정확한 지도에 대한 옹호의 의미가 큰 활동이었다. 이는 후에 강청 중심의 반당집단을 분쇄하는 데 커다란 군중기초의 원동력이 되었다. 당시 중앙정치국과 모택동 동지는 천안문사건의 성질에 대해 잘못된 판단을 내렸다. 또한 등소평 동지에 대한 일체의 직무를 철회하는 잘못된 결정을 내렸다. 1976년 9월 모택동 동지가 서거하자 강청 등 반당집단은 당과 국가의 영도권을 장악하기 위하여 발 빠르게 음모활동을 전개한다. 동년 10월 상순 중앙정치국은 당과 중앙의 의지를 전개하여 의연하게 강청 반혁명집단을 분쇄함으로써 문화대혁명이라는 재난을 결속시킨다. 이는 전당, 전군 그리고 전국 각 민족의 인민들의 장기간의 투쟁에 대한 위대한 승리인 것이다. 강청 반혁명집단을 분쇄하는 투쟁 중에 화국봉, 섭검영, 이선념 동지는 중요한 작용을 하였다.

4. 문화대혁명의 장기적이며 전국적인 심각한 좌경사상의 잘못은 모택동 동지에게 중요한 잘못이 있으며 모택동 동지가 중요한 책임을 져야 한다. 그러나 모택동 동지의 잘못은 궁극적으로 볼 때는 위대한 무산계급혁명가가 범한 잘못인 것이다. 모택동 동지는 종종 우리 당과 국가 안에 존재하는 결점을 자주 주의해야 한다고 하였는데 만년에는 많은 문제에 대해서 정확한 분석을 하지 않았을 뿐 아니라 문화대혁명 중에 시비를 가리는 것과 적과 나를 가리는 것을 혼돈하였다. 그는 심각한 잘못을 범할 때에도 그래도 시종일관 자신의 이론과 실천은 마르크스주의의 이론이라고 여겼으며 또한 무산계급의 전제정치를 공고히 하기 위해서는 필요한 것이라고 주장하였다. 그의 비극성이 바로 여기에 있는 것이다. 그는 일관되게 문화대혁명의 잘못된 문제를 이끌어갔고 견지하였다. 그러나 모택동 동지는 구체적 잘못을 규정하고 제지하기도 하였고 또 당의 지도자간부와 당의 저명인사를 보호한 적도 있으며 일부 간부는 다시 본래의 자리로 돌아오도록 힘쓴 적도 있었다. 그리고 임표 등 반혁명집단과의 투쟁 및 강청과 장춘교 등에 대해서는 비평을 가하여 그들이 최고 지도권을 가지지 못하도록 하는 데 큰 역할을 한 적도 있었다. 이는 모두 이후에 우리의 당이 순리적으로 4인방을 분쇄하는 데 중요한 작용을 하였다. 그는 만년에 경각심을 갖고 국가의 안녕을 위해 힘을 쏟았으며 제국주의의 압력에도 꿋꿋이 정확

한 대외정책을 집행하였으며 아울러 정확한 세계전략과 영원히 세계에서 패권을 잡지 않겠다는 중요한 사상을 제출하였다. 문화대혁명 중에 우리 당은 통일을 유지하는 데 만전을 기하였으며 국무원과 인민해방군은 많은 필요한 업무를 진행하였다. 각 민족과 각계 대표 인물이 출석한 제4기 전국인민대표대회는 여전히 개최되었으며 아울러 주은래, 등소평 동지를 지도자 그룹으로 한 지도자 인선을 확정하였으며 중국사회주의 제도의 근본 기초를 여전히 유지하였고 또 사회주의 경제건설을 여전히 진행하였고 중국 사회는 계속해서 통일을 유지하면서 국제사회에서 중요한 영향을 발휘하였다.

이러한 중요한 사실은 모두 모택동 동지의 거대한 작용과 불가분의 관계에 있는 것이다. 이러한 일체의 이유와 그리고 이 중 특별히 모택동 동지의 혁명사업의 위대한 공헌으로 인해서 중국인민은 시종 모택동 동지를 경애하는 위대한 지도자이며 스승으로 보는 것이다.

5. 당과 인민은 문화대혁명 중에 좌경의 잘못된 사상과 임표, 강청 등의 반혁명집단과의 투쟁은 쉬지 않고 진행되었으며 또한 험난하고 곡절이 많았다. 문화대혁명의 모든 과정은 사실증명으로 보여주고 있다. 당의 8기 중앙위원회와 중앙위원회가 선출한 정치국, 정치국상임위원회, 서기처의 구성원 등 절대 대다수는 투쟁의 정확한 방면에 서 있었다. 우리 당의 간부는 대다수가 당과 인민에 충성심이 있으며 그리고 사회주의와 공산주의에 대한 신념 역시 굳건한 것이다.

공격받고 시련을 겪은 지식인들, 모범적인 노동자들, 애국적인 민주인사와 애국적인 화교들 및 각 민족, 각 계층의 간부와 군중들은 절대 대다수가 동요하지 않았고 당을 옹호하고 조국을 열렬히 사랑하는 사람들이었다.

문화대혁명 중에 박해를 받아 희생된 유소기, 팽덕회, 하룡 등의 국가 지도자 및 기타 일체의 당 내외 동지는 영원히 각 민족의 마음속에 기억될 것이다. 전당과 노동자, 농민, 해방군, 지식인, 지식청년, 간부들의 공동의 투쟁으로 인하여 문화대혁명의 파괴성은 일정한 정도의 제한을 받았다. 중국의 국민경제는 비록 거대한 손실을 입었지만 여전히 진전을 취득하였다. 양식생산은 비교적 안정된 성장을 보였고 공업과 교통 그리고 건설과학기술 방면에도 중요한 성취를 취득하였다. 이 중 신철로건설과 남경장강의 건설과 인공위성의 발사 등은 주목할 만한 성과였다.

국가동란의 상황하에서 인민해방군은 여전히 용감히 조국의 안녕을 보위하고 있다. 대외사업 역시 새로운 국면이 전개되었다. 당연히 이러한 일체의 것들은 문화대혁명의 성과라고 할 수는 없을 것이다. 만일 문화대혁명이 없었다면 우리들의 사업은 더욱더 많은 성과를 냈을 것이다. 문화대혁명 중에 우리들은 임표와 강청 등 반혁명집단으로부터 피해를 보았으나 그러나 우리는 결국에 그들을 이겨냈다. 당과 인민 그리고 인민군대와 모든 사회의 성질은 모두 변하지 않았다. 역사는 다시 한 번 표명한다. 우리의 인민은 위대한 인민이며 우리 공산당과 사회주의 제도는 위대하고 완강한 생명력을 가지고 있다는 것을.

6. 발생하여 10년의 세월을 계속하였던 문화대혁명의 원인에 대해서는 앞에서 분석하였던 직접 원인이 되었던 모택동 동지의 영도상의 잘못 이외에 복잡한 사회적, 역사적 원인이 있었다. 주요한 것

은 다음과 같다.

1) 사회주의 운동의 역사가 길지 않았으며 사회주의 국가의 역사 역시 짧지 않았고 또 사회주의 사회의 발전규칙은 비교적 분명히 알고 있었지만 그러나 수많은 사실들은 계속 탐색을 필요로 하는 것이다. 우리 당은 과거 오랜 세월 동안 전쟁과 격렬한 계급투쟁의 환경 속에 처해 있었으며 이런 상황에서 갑자기 도래한 신생 사회주의 사회와 전국적 규모의 사회주의 건설 사업을 진행하기에는 사상적 준비와 과학적 연구가 부족한 것이 사실이었다. 물론 마르크스, 엥겔스, 레닌, 스탈린의 과학적 저작이 우리의 행동지침이 되었지만 그러나 이들 저작들이 중국사회주의 사업 중에 출현한 각종 문제에 대해 현실적인 답안을 준다고 하는 것은 불가능한 것이었다. 우리 당의 역사적 특성으로 인하여 사회주의 발전 과정 중에 출현한 정치, 경제, 문화 등의 새로운 모순과 새로운 문제를 처리하고 관찰하는 데 있어서 쉽게도 계급투쟁의 문제가 아닌데도 계급투쟁의 문제로 다루려는 경향이 있다. 아울러 새로운 조건하에서의 계급투쟁문제에 직면해서는 습관적으로 과거에 익숙했던 방식과 회오리바람과 폭우와 같은 군중성 투쟁의 옛 방식이나 옛 경험을 연용하는 데 습관이 되어 있다. 이로 하여 계급투쟁에 있어 심각한 확대화를 가져온다.

동시에 이와 같은 현실생활과는 벗어난 주관주의적인 사상과 작법의 이론적 근거는 마르크스, 엥겔스, 레닌, 스탈린이 저술한 저작의 사상과 논점에 오해를 덧붙이고 또 교조화를 덧붙인 것에서 찾았다. 예를 들면, 마르크스가 말한 "자산계급의 권리"는 마땅히 제한되고 비판받아야 한다는 이론으로 노동에 따른 분배원칙과 물질

이익의 원칙은 마땅히 제한되고 비판받아야 한다고 하였으며, 사회주의 개조가 기본적으로 완성된 이후에 소규모 생산이 매일 시시각각으로 대규모의 자산계급과 자본가를 양산하고 있으니 따라서 이 때문에 한 계열의 도시경제정책과 도시 계급투쟁이 형성되는 것이라고 여긴다. 또 당내의 사상분기는 모두 사회계급투쟁의 반영이라 생각하기 때문에 빈번하고 격렬한 당내의 투쟁이 형성되는 것이라고 여긴다.

이는 바로 계급투쟁 확대화의 미혹된 잘못을 마르크스주의의 순결성으로 여기는 우를 범하는 것이다. 이외 소련의 지도자가 중소논쟁을 야기하고 또 양 당 간의 원칙적 쟁론을 국가적인 쟁론으로 변화시키고 중국에 대해 정치, 경제, 군사적인 거대한 압력을 가하였을 때 중국은 부득불 소련의 대국주의를 반대하는 정의의 투쟁을 전개하였다. 이러한 정황의 영향하에서 우리는 당내에서는 계급투쟁 확대화의 잘못과 어리석음을 계속하여 반복하였다. 이에 당내에서 다른 의견을 지닌 동지의 의견은 소위 수정주의 노선의 표현 혹은 노선투쟁의 표현으로 여기는 일이 발생하였다. 이로써 당내 관계는 점점 더 긴장되어 갔다. 이와 같이 당은 모택동 동지가 제출한 좌경의 관점을 저지하는 것이 매우 힘들게 되었다. 따라서 이러한 좌경사상의 발전은 문화대혁명의 발생과 지속을 가능케 한 것이었다.

2) 당내에는 업무 중심에서 사회주의건설이라는 새로운 업무로 방향을 전환시키는 시기에 직면해 있었다. 이 시기에 모택동 동지의 위망은 절정에 달하였다. 이때 그는 점점 교만하고 오만해졌으며 실제와 군중으로부터 멀어져갔다. 이에 주관주의와 개인 專斷의

작풍은 심해졌으며 결국에는 당 중앙을 능가하여 국가 정치생활 중의 집단지도의 원칙과 민주 집중제는 부단히 약화되고 파괴되었다. 이러한 현상은 점진적으로 형성된 것이며 이에 대해 당 중앙은 일정한 책임이 있는 것이다. 마르크스주의의 관점으로 본다면 이러한 복잡한 현상은 일정한 역사적 조건하에서 산생된 것이다. 이를 단지 모 개인이나 혹은 약간의 사람에게서 원인을 찾는다면 심각한 교훈을 얻고 또 절실하고 유효한 개혁의 걸음으로 나아가는 것은 불가능하다. 공산주의 운동 중에 지도자는 중요한 작용을 한다. 이는 역사가 이미 반복해서 증명하고 있으며 의심의 여지도 없는 것이다. 그러나 국제공산주의운동 역사에서 지도자와 당의 관계를 정확하게 해결하지 않았기 때문에 출현한 적이 있는 약간의 엄중한 편차는 우리 당에 대해 소극적인 영향을 끼쳤다.

중국은 봉건시대의 역사가 긴 국가였다. 우리 당은 봉건주의에 대해 특별히 봉건적인 토지제도와 지주에 대해 단호하고 철저한 투쟁을 진행하였다. 이러한 반봉건의 투쟁 중에 훌륭한 민주적 전통을 양성하기도 하였다. 그러나 장기적으로 유지되어온 봉건적인 전제주의가 사상적, 정치적 측면에 남긴 해독은 쉽게 정리할 수 없는 것이었다. 그리고 어떠한 역사적인 원인으로 인하여 우리는 당내 민주와 국가 정치사회 생활 중의 민주를 제도화 혹은 법제화할 수 없었다. 혹은 비록 법을 제정하였으나 마땅히 있어야 하는 권위가 없었다. 이러한 사실이 일종의 조건을 제공하여 당의 권력이 과분하게 개인에게 집중되었으며 또한 당내의 개인독재와 개인숭배 현상이 점점 일기 시작하였고 이와 더불어 공산당과 국가는 문화대혁명의 발동과 발전을 방지하고 제지할 수 없었던 것이다.

사진설명

▌모택동의 부친 모순생(1870 - 1920)
중국혁명박물관:『기념 모택동』, 북경: 문물출판사, 1986년. 에서 전재함

▌모택동의 모친 문칠매(1867 - 1919)
중국혁명박물관:『기념 모택동』, 북경: 문물출판사, 1986년. 에서 전재함

▌모택동(우1), 둘째 동생 모택담(우4), 부친(우3), 백부와 장사에서 기념사진
중국혁명박물관:『기념 모택동』, 북경: 문물출판사, 1986년. 에서 전재함

▌1920년 모택동과 결혼한 양개혜(1901 - 1930)
중국혁명박물관:『기념 모택동』, 북경: 문물출판사, 1986년. 에서 전재함

▌양개혜 그리고 장자 모안영(우)과 차자 모안청
중국혁명박물관:『기념 모택동』, 북경: 문물출판사, 1986년. 에서 전재함

▌1936년 모택동과 주덕
중국혁명박물관:『기념 모택동』, 북경: 문물출판사, 1986년. 에서 전재함

■ 딸 이민과 북경 향산에서
중국혁명박물관:『기념 모택동』, 북경: 문물출판사, 1986년. 에서 전재함

■ 1949년 9월 19일 북경에서 저명인사와 함께
중국혁명박물관:『기념 모택동』, 북경: 문물출판사, 1986년. 에서 전재함

:: 1956년 중남해 회인당에서 모택동, 주은래, 유소기, 주덕이 담소를
  나누고 있다.
중국혁명박물관:『기념 모택동』, 북경: 문물출판사, 1986년. 에서 전재함

:: 1958년 8월 6일 하남성 칠리영 인민공사를 시찰 중인 모택동
중국혁명박물관:『기념 모택동』, 북경: 문물출판사, 1986년. 에서 전재함

:: 1961년 여산에서
중국혁명박물관:『기념 모택동』, 북경: 문물출판사, 1986년. 에서 전재함

:: 1959년의 팽덕회 모습
심국범:『팽덕회』, 북경: 당대 중국출판사, 2007년. 에서 전재함

:: 유해 보관증
심국범:『팽덕회』, 북경: 당대 중국출판사, 2007년. 에서 전재함

:: 팽덕회가 연금시기에 사용하였던 시계, 면옷, 속옷, 숟가락, 손수건
심국범:『팽덕회』, 북경: 당대 중국출판사, 2007년. 에서 전재함

:: 요문원이 『문회보』에 발표한 『신편역사극 해서파관을 평함』 문장
심국범:『팽덕회』, 북경: 당대 중국출판사, 2007년. 에서 전재함

:: 1966년 가을 중남해 집에 있는 유소기 가족의 모습
중국혁명박물관:『기념 유소기』, 북경: 문물출판사, 1989년. 에서 전재함

:: 유소기 유해에 얼굴을 묻고 마음 아파하는 부인 왕광미
중국혁명박물관:『기념 유소기』, 북경: 문물출판사, 1989년. 에서 전재함

:: 유소기의 가족이 유해를 대해에 뿌리다
중국혁명박물관:『기념 유소기』, 북경: 문물출판사, 1989년. 에서 전재함

:: 중공중앙부주석 겸 국무원부총리 등소평이 대회에서 애도사를 낭독
　　함
중국혁명박물관:『기념 유소기』, 북경: 문물출판사, 1989년. 에서 전재함

:: 진의 애도대회에서 그의 부인과 대화 중인 모택동
중국혁명박물관:『기념 모택동』, 북경: 문물출판사, 1986년. 에서 전재함

:: 북경의 인민들이 침통한 표정으로 모택동의 죽음을 애도하고 있다.
　　사진은 인민대회당 앞에서 모택동의 유체와 고별인사를 하기 위
　　해 기다리는 모습임
중국혁명박물관:『기념 모택동』, 북경: 문물출판사, 1986년. 에서 전재함

김재선 ————————————————————————

▌약 력

　1963년 춘천에서 태어남
　동국대학교 사학과 졸업
　대만 개원불교연구소 불교철학 연구
　중국 사천사대 역사연구소 석사
　중국 중앙민족대학교 민족사연구소 박사
　현재 대진대학교 사학과 교수

▌주요 저서 및 논문

　『한글 동이전』(1999)
　『발해문자연구』(2003)
　「이태백과 발해문자」
　등 다수

모택동과 문화대혁명

초판인쇄 | 2009년 11월 27일
초판발행 | 2009년 11월 27일

지 은 이 | 김재선
펴 낸 이 | 채종준
펴 낸 곳 | 한국학술정보㈜
주　　소 | 경기도 파주시 교하읍 문발리 파주출판문화정보산업단지 513-5
전　　화 | 031) 908-3181(대표)
팩　　스 | 031) 908-3189
홈페이지 | http://www.kstudy.com
E-mail | 출판사업부 publish@kstudy.com
등　　록 | 제일산-115호(2000. 6. 19)

ISBN　978-89-268-0575-6 93910 (Paper Book)
　　　　978-89-268-0576-3 98910 (e-Book)

 은 시대와 시대의 지식을 이어 갑니다.